聊聊写作这件事

小多传媒 / 编著

周 群 / 改写

上海教育出版社
SHANGHAI EDUCATIONAL
PUBLISHING HOUSE

推荐序

相伴“少年时” 共谋未来事

2023 年春，我应小多传媒之邀，参加了全程直播的“少年时 100 科学阅读大会”。此次活动以《少年时》出版 100 期为契机，召集多位关心科学教育发展的专家学者，连线全国各地的《少年时》读者家庭，一道探讨家庭教育的智慧和幸福之道，话题涉及阅读与写作、跨学科思维、科学与理性、情感和心理、审美能力等方面内容，丰富而厚重。

如今呈现在大家面前的“未来少年”书系，我想应该就是前述活动的深化与延续了。这是一套由一支高水平团队打造的尤其适合学生课外阅读的图书，堪称提升少年朋友科学和人文综合素养的极佳读本，特别是，对成长于新时代的少年朋友们最有助益。

为什么这么说？

国外有教育界人士尖锐地指出，当下的学校教育和创新需求越来越强的世界之间是完全脱节的。创新的迅猛发展正在迅速淘汰社会结构中稳定的例行职业，蚕食经济体系中的传统工作机会。企业都希望能聘用到凭借创造力去解决实际问题的人，希望这些人能不断找到新方法，为组织增值。因此，这激发了教育工作者的思考：什么才是教育中真正重要的东西？如何为少年朋友们重塑教育，开辟一条更有可能成功的路？

其实，爱因斯坦早在1936年所作的一次演讲中，就曾表达过这样的意思。他说："教育的首要目标永远是独立思考和判断的总体能力的培养，而不是获取特定的知识。如果一个人掌握了他的学科的基本原理，并学会了如何独立地思考和工作，那么他肯定会找到属于自己的路。"

另一方面还要看到，我们的教育体系通常都着力于推动学生学习数学、语言、科学和其他"硬技能"的发展，而不太重视人文学科、创作类学科（如音乐、艺术）、元认知技能等所谓"软技能"的培养。针对这一缺憾所提出的21世纪技能则包含以下几个方面：学生的批判、探究与创新能力；数字技术的掌握、应用能力；各类文化、社会的适应和实践能力。上述诸方面，"未来少年"书系恰恰都有所涵盖。

事关一个人成长发展的素养，通常可以从多个方面进行考量，最核心的素养，我认为概略说来是两种：科学素养与人文素养。而人的素养的提升，在很大程度上是通过阅读来实现的。这当然不能局限于学校内课程学习中的阅读。

　　成长中不能没有书香，就像生活里不能没有阳光。阅读滋以心灵深层的营养，让生命充盈智慧的能量。

　　相伴"少年时"，共谋未来事！

　　愿"未来少年"书系能够铺展开少年朋友们认识世界的一扇扇窗，也承载一个个梦想起航。愿大家能够感悟创新、创造的奇迹，获得开启心智的收益。在阅读中思考，在思考中进步，在进步中成长！

尹传红

（科普时报社社长、中国科普作家协会副理事长）

总　序

亲爱的少年朋友：

你们好呀！先做个自我介绍——我是"未来少年"书系的主编周群，非常荣幸能在这个充满梦想和挑战的时代与你们相遇。

让我们来个小热身，想象一下，如果你能和世界上最聪明的人对话，如果你能随时随地穿越到任何一个科学领域，如果你能掌握一种魔法，让你的学习变得轻松有趣，那该多好！告诉你，这并不是梦，这一切的美好，都在我们这套书系里。

对，就是这套"未来少年"书系！

作为主编，我要郑重其事地向你们介绍这套书系的特点：

第一，这是原作者、编者、编辑们共同为你们精心打造的一份礼物。

它的诞生，源自一个简单而伟大的愿望：为未来的中国培养具有核心竞争力的青少年。因为我们深知，未来的世界将充满挑战和机遇，而你们，正是这个未来的主角。通向未来的路就藏在你们的好奇心和求知欲中。

我们从《少年时》的 100 多册辑刊、2000 多万字的原创篇目中，提取主题内容，经过精心整合和重构，为你们带来了第一辑精彩纷呈的五本书。我们根据同学们的阅读能力和认知特点，将这些内容进行了精心的改写和编排。希望通过我们的智慧和努力，将复杂深奥的知识转化为同学们能够理解和接受的语言，让你们在阅读的过程中既能感受到知识的魅力，又能感受到学习的乐趣。

第二，这套书系的内容极其丰富。

书系内容涉及科学、文学、艺术、历史、地理等多个领域。每一本书都是一个独立的世界，每一个故事都是打开少年读者心灵的一扇窗户。在这里，你们可以与历史上的英雄对话，可以探索宇宙的奥秘，可以理解艺术的魅力，可以体验运动的快乐，可以感受生活的趣味。在这里，你们将遇见来自世界各地的科学家和学者，他们会用最前沿的研究成果，为你们揭示科学的奥秘、文化的精髓。你们会了解到，无论是微观世界的粒子舞蹈，还是宏观宇宙的星辰闪烁，都是我们共同探索的对象。这些知识不再是枯燥无味的课本内容，而是变成了一个个生动的故事，等待着你们去发现、去感受、去思考。

每一本书都像是一扇神秘的大门，等待着你们去推开，去发现里面的宝藏——

《我们该怎样学习》将带你发现自主学习的秘密，让你在知识的海洋中遨游，不仅会教你如何学习，更会教你如何享受学习。

《读懂青春期》则是你们的贴心小伙伴，它会帮你理解自己的情感和身体变化，让你在成长的道路上更加自信。

《每个人都有幸福的能力》，将教你如何在日常生活中找到快乐的源泉。它会告诉你，幸福并不是远在天边的梦想，而是近在咫尺的小事。

而《聊聊写作这件事》则是你的创意伙伴，它会激发你的想象力，让你的文字充满魅力。

最后，《谋划你的未来职业》这本书，将带你一起规划未来，让你的梦想不再遥远。它会告诉你，未来的世界充满无限可能，而你，就是那个能够创造可能的人。

相信通过对第一辑五本书内容的介绍，你还能发现这套书系的第三个特点——跨学科性和实用性非常突出。

原作者和编者们不仅关注科学知识的传授，更重视人文素养的培养和能力的提升。我们希望通过这套书，帮助你们在建立起完整的知识体系的同时，拥有独立思考和解决问题的能力，更具备科学精神和人文关怀相结合的思维方式，让你们不仅能更好地理解当下的世界，也能更好地适应未来，成为未来社会的建设者和领导者。

　　为了把这套书打造成真正助力你们人生远航的导航仪和望远镜，我们还为这套书配备了一线名师的微课视频。这些资源将帮助你们更深入地理解书中的内容，更全面地掌握知识，更有效地提升自己的能力。想象一下，就像有一群知识渊博的大朋友，随时准备回答你的每一个"为什么"，陪伴你一起成长。

　　综上所述，作为主编，我更愿意把这套"未来少年"书系称作"桥梁书"——因为它不仅仅是一系列书籍，更是一座连接现实与未来、传统与创新的桥梁。

　　最后，我谨代表所有参与这项编写工作的老师和编辑祝福你们！愿你们在"未来少年"书系的陪伴下，成长为有知识、有能力、有情怀的新时代少年，成为未来社会的栋梁之材。祝愿你们在知识的海洋中自由遨游，在成长的道路上越走越远，在梦想的天空中绽放光芒！

你们的大朋友

"未来少年"书系主编周群

2024 年 3 月 28 日，于北京孚王府

导 言

亲爱的少年朋友：

你好呀！这次咱们来聊聊写作这件事。如果能面对面，我很想问你几个问题：你喜欢写作吗？喜欢，为什么？不喜欢，又为什么？边读书边在心里回答我"喜欢"的朋友，我要热烈地祝贺你：你对文字的热爱有了回报，那就是你享受到了表达的快乐。要知道，这绝对是令许多同龄人羡慕的事情。因为对于心里嘀咕着"不喜欢"的朋友来说，写作绝对不是一件令人愉悦的事，甚至一提起来就很恼火，心头高唱"烦人歌"呢。

对于不喜欢写作的少年朋友而言，我是不是说中了你们的心事？那你会不会好奇，我是怎么猜中你的烦恼的？跟你说吧，我在很多年前就关注到少年朋友们写作方面有困难的问题啦。想当年我还做过调查呢——我清楚地记得，那时候，在调查报告中猛然看到有人用"太麻烦""太累""讨厌""枯燥乏味""烦人"这些富有感情色彩的贬义词形容我热爱的写作，我的心里可真不是滋味。少年朋友要么是觉得自己"写作能力不好"，所以"不知道怎么写"，导致"一写作文就头疼"，要么干脆把写作当成彻头彻尾的"包袱"、累赘。对有的少年朋友来说，特别是写老师要求的作文，简直就成了"挫折教育"。我记得当时有位少年朋友在调查问卷的某个题目下干脆回了句"因为不，所以了，你问我我问谁"来对付我的调查，对作文的厌恶之情跃然纸上。也对啊，因为写作能力不够好，或者缺少方法，导致交上去的作文每次都获得很差的评价——谁会喜欢这样的"挫折教育"呢？

调查虽然是很多年前的事了，但总的说来，原来存在的问题在一些少年朋友们这里依然存在。我一直为这些少年朋友感到惋惜，因为人生天地间，"造化钟神秀"。人之灵秀，在思想，在情感，在智慧，把它们通通表达出来，才对得起造化的钟爱，才体现出个体生命的意义和价值。你表达了、倾吐了，他（她）倾听了、思考了，心与心的交流使你不再孤独，不再茫然，不再幼稚。表达是多么重要，又是多么温馨和快乐！咱们怎么可以缺少它、轻视它、放弃它呢？活泼泼的少年人迟迟享受不到表达的快乐，这又怎能不让人感到惋惜呢？

说了这么多，归纳起来我想说的就两句话：

第一句，别灰心，写作有方法，跟我学写作，我帮你揭开写作奥秘！

第二句，通过这本书，跟我共同开启写作之旅，相信我，你也能享受表达的快乐！

目 录

01
CHAPTER ONE
认识篇 | 怎样算是一篇好文章？

02
CHAPTER TWO
演练篇 | 超实用的写作步骤

03

CHAPTER THREE

超越篇 | 让大脑"亮"起来

01

CHAPTER ONE

认识篇

怎样算是一篇好文章？

你会区分虚构类和非虚构类写作吗？

相比于非虚构类写作，少年朋友对虚构类写作可能了解得更多，所以，关于如何区分虚构类和非虚构类写作的问题，我们先从虚构类写作说起。

按照严格的"真实性"标准，文章大致可以分为两大类：虚构的和非虚构的。虚构类写作，顾名思义，就是作者以想象为基础创造作品，人物是虚构的，故事情节也是虚构的。小说、戏剧、电影、剧本、诗歌等都属于虚构类写作。虽说是虚构，但是优秀的虚构类作品里的人物、情节、生活环境，都能真实、凝练地反映现实世界。

读到这里，有的少年朋友可能会疑惑："虚构"和"真实"明明是一对反义词，怎么虚构的作品就和"真实"扯上了关系？该如何理解虚构类作品的真实性呢？

少年朋友从小就读过大量的童话，我们就以童话为

例——

　　童话是儿童文学的一种体裁，通过丰富的想象、幻想和夸张来编写适合儿童欣赏的故事，当然属于虚构类作品。优秀的童话作品能带给人以强烈的代入感，小读者们常常是读着读着就沉浸在故事氛围中，与童话人物同悲喜。这样的体验相信每一位喜欢阅读文学作品的少年朋友都经历过。那你有没有想过，阅读童话时的这种代入感究竟从何而来？其实，有个很重要的原因，就是虚构类作品具有真实性的特点。

著名的儿童文学作家梅子涵先生曾经评价过童话的真实性，或许会对你有所启发。

> 他觉得童话是真实的。也许你会质疑，怎么是真实的呢？那分明是想象的故事。
>
> 童话的美妙是真实的。美妙给我们的感动是真实的。童话的诗意是真实的。诗意和情感在我们灵魂里产生的回响是真实的。童话的哲学是真实的。哲学对我们的生命，对我们一生成长的方向和影响是真实的。童话给我们的温暖和善良是真实的……一个童话故事，能够感动我们，这就是真实。真实地留在记忆里，这非但是真实，更是永恒。

再来看看小说。小说是以叙述为创作手法，以营造典型性为审美特征，以塑造人物形象为中心，通过完整故事情节的叙述和相应环境氛围描写反映社会生活的文学作品。虚构是小说的本质特征，甚至是小说的灵魂。毫不夸张地说，没有虚构，就没有小说。

小说同样具有真实性。特别是现实主义的小说，总会让人真真切切地感到作品中的人与事都是真实存在的。这是因为作家在塑造小说的人物时，非常注重真实性和典型性。作家们常常以生活中的人物为原型，用鲁迅先生的话说，就是"作家的取人为模特儿，有两法"，"一是专用一个人"，"二是杂取种种人，合成一个"。作家通过准确、细致而独特的刻画对原型进行加工，但并不以呈现事实、用文字还原生活为目的，而是要表达作家对社会现实的深刻理解。这样塑造出来的人物既栩栩如生，又能令读者感受到小说中所写的生活是真实的。

到此为止，你已经了解了虚构类写作的特点，现在，让我们一起把目光转向非虚构类写作——

非虚构类写作，简单地说，就是虚构类写作之外的其他写作。这话听起来简单，但理解起来还要做一定区分：对于专业作家来说，非虚构类写作特指的是非虚构类的文学创作，有比较严格的定义和较高的写作要求，其类型包括报告文学、纪实性文学、传记文学、散文历史文学、口述实录体等。而对我们普通人来说，非虚构类写作的范围十分宽泛，咱们可以称之为广义的非虚构类写作。作品种类不仅包括上述几种文体，还包括科普写作、说明文、观察日记、科研报告、论文、新闻报道、总结、演讲稿、旅行指南、技术文件等。

广义的非虚构类写作不仅文体类型丰富，而且还有着鲜明的实用性强的特点，涉及的领域非常宽泛——自然科学、地理研究、历史研究、社会观察、战争、政治、宗教、哲学、艺术评论……几乎涵盖了现实生活中的各个领域。作为普通人中的一员，你尽可以大胆想象非虚构类写作的"体量"有多大——如果把人类有文字记载以来所有的写作累计起来看，其种类之多、数量之大、用途之广，远远超过虚构类文学写作。因此，我们完全可以得出这样一个结论：**广义的非虚构类写作其实是写作中最重要的一部分。**

非虚构类写作：
为什么写？为谁写？写什么？

提到写作，有的少年朋友也许会这样想：我既不打算当作家，也不想当记者，不管什么样的写作，对我也没什么大用途……真的是这样吗？

其实不然。

首先，你要知道，写作对每个人而言都有着重要的意义——把人的思想、情感、智慧通通表达出来，才对得起造化的钟爱，才体现出个体生命的意义和价值。你表达了、倾吐了，他（她）倾听了、思考了，心与心的交流会使你不再孤独，不再迷茫。就算你只是个普通人，并不想当作家，只要掌握了写作的"秘笈"，就能驾驭文字，享受表达的快乐。

另外，写作也并不仅仅局限于文学创作。非虚构类写作除一小部分如散文、传记、报告文学外，基本可以归为应用文写作。这些写作是现实生活中难以避免的，每个人的写作动机也是各种各样的——

●比如，在寒暑假中，你跟着家人进行了一次很棒的旅行，遇到了很多有趣的人，你想把自己的旅行感受发在微信朋友圈中跟大家分享；

◆又如，你是一名学生，参加了学校组织的研学实践活动，老师要求你在活动结束后提交一份总结报告；

◆再比如，你居住的城市正在进行低碳城市建设，作为一名市民，你想给城市管理者写一封建议书，为推动绿色低碳发展、促进碳达峰、碳中和建言献策……

◆长大后，你有了自己的工作，成为一名产品设计师，你不仅要设计好的产品，还要撰写设计说明，向客户介绍你的设计灵感来源、产品解决了什么问题、设计的亮点以及使用者实际的体验。

◆当然，你也可能是一名历史爱好者，甚至是历史学者，你会经常通过研究一些具体问题来探索更加宏大的主题。

◆如果你要发布你的研究成果，就需要通过写文章来介绍你所研究的历史事件，向读者提供来自原始材料的信息，并清晰地陈述你的论点……

你瞧，用不着多举例，在我们日常的学习和工作中，需要进行写作的场景比比皆是。为什么写，特别是为什么要进行非虚构类写作，道理不言自明。

简而言之，非虚构类写作的能力可以说是我们生活中（尤其是未来的职业生涯中）一个非常关键的能力。这不仅仅是一个表达自己想法和观点、获取他人支持的工具，也是一个总结反思自己想法、促进个人成长和自我认知的过程，可以帮助写作者更清晰地理解自己的内心世界。

写作的应用场景不同，背景不同，目的不同，"为谁写"中的"谁"，即目标读者群（也称写作对象）当然也会不同。

写作的目的不仅仅是表达自己的想法，还应该为读者提供

有价值的信息和思考。因此，在写作过程中，需要针对读者的需求、兴趣和心理等方面进行思考，注意语言的准确性、流畅性以及表达的清晰度。只有这样，才会有更好的阅读效果，读者也才能更好地理解和接受作者的观点。因此，要想写好非虚构类文章，就必须**明确背景、目的和目标读者群**。

建议你养成这样的写作习惯——

在动笔之前，问自己如下几个问题：

◆在什么背景下写？为什么写？目标效果是什么？

例如，讲述一个事件或经历、对某个新闻事件做出你的评价、让对方接受你的某种想法或观念……

◆写给谁看？

例如，老师、同学、家人。等你长大后走上工作岗位，还会是领导、同事、朋友、客户……

◆怎样达到目标效果？

例如，提及哪些内容、按照什么顺序、采用什么样的口吻……

怎样算是一篇好文章？

"怎样算是一篇好文章？"相信这是萦绕在很多少年朋友心头的问题。评价一篇文章乃至一本书是不是够"好"，标准是不尽相同的，取决于阅读者以什么身份做出评价。

从小到大，我们都写过不少作文。老师如何评价一篇作文是不是好文章呢？不同学段、不同年级有不同的作文要求。我们每写一篇作文，都是在经历一次专项的作文训练。既然是专项训练，每次作文训练重点就会有所不同，老师在制订作文评价标准时，也都要根据题目要求进行调整。

如果老师在写作文前先提供作文评价的分级标准，最高等级的标准就是好文章标准；如果老师没有事先提供作文评价标准，那你就要学着从作文题目中提炼出这个标准来。有了标准再下笔，你写出来的作文就不会差到哪里去，完成作文后自己也能对照这个标准进行修改。怕就怕心里没有这个标准，每一次作文都稀里糊涂地写，应付了事。

如何提炼作文的评价标准呢？

举个例子：假如你是一名初一的学生，在期末考试中，老师给你布置了这样一篇作文——

生活中，常常有这样的情况：一次见面，一次接触，哪怕是不期而遇，都会在我们的心灵深处留下难忘的印象，甚至成为珍贵的纪念。孩提时代遇到的第一个启蒙老师，进入中学后和班主任的第一次接触，旅行途中新结识的小伙伴，第一次来家里做客的远方的亲人，路上遇到的热心人……此次作文训练，就要求你从这些生活场景中，选择一个初次相识的人来写，题目自拟。

要求：

1. 通过观察，准确把握人物给予自己的第一印象。
2. 通过描写相貌、穿着和个性化的动作、神态，表现人物的特点。

　　看到这样的作文要求，你先得想一想"初次相识"的人究竟有什么特点，你是怎样感知到对方的特点的；你还得琢磨如何把和对方"初次相识"的经过、你获得的印象明白、生动地告诉读者。

　　写一个初次相识的人，笔墨要集中在"初次相识"这一刻或一段时间里的人与事上。初次相识，我们往往比较注意对方的相貌、穿着、语言和一些具体的动作、神态等，观察也相对细致。写作时就要注意把这第一印象写下来，既要有粗略的轮廓勾勒，又要有细节描写。当然，与人相识总有个机缘和过程，要注意交代清楚前因后果。

以下是老师制订的这篇作文"**一类文**"的标准，你可以对照着作文提示语和要求逐条琢磨，看看评价标准是不是就"藏"在作文的提示语和要求里——

1. 整篇作文都能够围绕中心人物进行记叙，交代清楚初次相识的来龙去脉、前因后果，所选的事例能恰当地表现人物的性格、品质等特点。

2. 作文中有对人物容貌、面部表情、眼神、神情、身材、姿态、服饰等的细致描写；能抓住人物动作特点，用准确、恰当的动词进行描写。读者读了你写的作文后，能在脑海中迅速地勾勒出人物形象，对你笔下的人物形成概括的印象。作文要求中没有提及语言描写，如果你的作文还能通过生动、具体的语言刻画人物形象，则是加分项。

3. 能够对"我"的心理进行描写，突出自己对人物的"第一印象"，末段能总结全文，适当地抒情议论，使读者能清楚地感知到作者对人物的感情。

当然，一篇"好作文"，还要做到卷面整洁，书写美观，用词准确，语句通顺。

以上说的是你作为"**学生**"，老师如何评价你写的作文的问题。当然啦，少年朋友所写的文章也不只是记叙文，还有说明文、议论文等。不同体裁的文章，写作目的不同，评价的标准也会不一样。

在日常阅读中，我们的身份是"**读者**"，阅读的也不仅是文章，更有大量图书。从"读者"这个身份来说，"好的文章或图书"有共性——必然是能让人印象深刻的，特别是堪称经典的作品。阅读是一件非常"私人化"的事：与身边的少年朋友交流，谈谈最近读了哪些难以忘怀的书，你会发现，即使称赞同一本书，每个人对书中属意的片段也大有不同，因为人和人是不同的——每个人都有自己的个性和喜好，在阅读领域也一样。就这一点来说，我们每一个人都应该发展自己的兴趣，尽量多去读喜欢的图书和文章。

如果你的朋友说:"那本书不怎么样啊,为什么要读?"不要灰心丧气,他只是跟你的口味没有共鸣而已,你可以详细地与他分享你的收获。如果对方还是没有回应,也没有关系,古代的陶渊明讲读书"每有会意,便欣然忘食",这种奇妙的阅读感受,至少存在于你和作者之间。

你可以和作者对话,你与作者的手在不同时空因为共鸣而握在了一起。不要理会那些所谓的"鄙视链",一定要到阅读中去发展自己的个性。

从编辑的角度出发评判"好的文章或图书"这个事儿就比较复杂了。一个出版社里,可能有文学编辑部、社科编辑部、科普编辑部、财经编辑部……这些专业分工的背后是文章体裁的多样性。从看书名到翻目录提取逻辑结构,再到试读正文感受具体的文笔和阅读节奏,是编辑评价书稿的过程。作为读者,我们可以借鉴编辑评价书稿的方法和流程在书店或图书馆里选书,更可以拿来反思自己的写作。

先说说少年朋友们最熟悉的文学类图书。童话、神话、寓言、小说、戏剧等都是偏于虚构性的写作。在编辑看来，虚构性写作需要作者拥有一双特别会观察的眼睛，在生活之上构建语言的空中楼阁，甚至大规模的海市蜃楼，这最考验作者的想象力。读者一旦进入文学的世界，就会发现，作品风格多样，令人眼花缭乱，就像世间的人生百态一样。

比如诗歌，光是我国的古诗就有很多种类。从小到大，你肯定读过不少类似"但使龙城飞将在，不教胡马度阴山"这样四句七字的古诗，因为这太常见了。其实七字的古诗，不仅有四句的、八句的，还有六句的（如李白的"请君试问东流水，别意与之谁短长"），更有三十六句的（《春江花月夜》）、上百句的（《长恨歌》）。而你肯定也知道诗歌有婉约、

豪放、悲慨、旷达等不同的风格。

虚构类作品的思想是丰富的，既有《地球的红飘带》这类歌颂中国共产党人和红军战士伟大精神的作品，也有《威尼斯商人》这种走向灵魂深处揭示人性幽暗的作品，甚至还有《等待戈多》这样探索"人活着到底是为什么""人对未来的希望到底有没有意义"的"荒诞派戏剧"。

写作的手段也是"任君选择"，如具有浓厚回忆气氛的倒叙写法，结构精巧、环环相扣的推理手段，或者干脆自己亲自创造和实验新的写作形式，最重要的是找到要表达的本质和恰如其分的呈现方式。一份成熟作品对应成熟的思想和匹配的语言，如穿衣打扮与个人配合，呈现出一种浑然一体的气质。

　　像自然科学、社会科学、财经等门类的文章或图书，则属于非虚构类写作。非虚构类写作要仰赖事实，**最重要的特点是严谨，最基本要求是有逻辑**。这是编辑评价书稿时非常看重的。这个体裁的文章或图书里一般会有比较明确的观点，有时候在开头便提出，有学科的整体结构，又要全面介绍具体的知识；在阐释时，为激发兴趣、引出思考和问题，还会提供情景化的案例、图片。

　　对少年朋友来讲，专业论文或图书内容艰深，所以这类作品的严谨性和逻辑性可以留待你长大以后去研究和体会，这里先举一本科普类图书为例：

科学普及出版社出版的百科全书类工具书《DK 博物大百科》，全书 600 多页，堪称皇皇巨著。翻开目录我们能看到，全书分为"有生命的地球""矿物、岩石和化石""微生物""植物""菌物""动物"六大板块，每个板块下还设有二级目录。读者只要仔细翻看目录，就可以了解自然世界的分类。

看完目录后随手翻开任何一页正文，都能看到高清实拍图片和简明扼要的文字说明：自然界中跨越 45 亿年历史、超过 6000 种的生命体和非生命体的形态都近在眼前，几乎囊括了目前地球上人类已知的最珍奇、最有特色、最有代表性的物种，淋漓尽致地展现了生命的神秘与深邃。

这本书出版后广受好评，有一个很重要的原因，就是这本大百科有很强的逻辑性和严谨性，它通过分类和简明扼要以及海量的知识介绍为读者搭建起博物学的知识体系。

精准运用语言，
应对虚构类和非虚构类写作

虚构类作品需要作者具有丰富的想象力，追求风格的多样化，非虚构类作品则讲究严谨性和逻辑性，二者看似提出了"针尖对麦芒"的不同要求，其实并非如此。

就拿科学写作来说吧：在小学，你阅读过科学童话、简单的科学小品文；在中学，你阅读过科学小品文、自然笔记、科考随笔、考察日记、科学家传记等科普类作品，甚至你可能还阅读过自然科学领域的一些论文与专著等。不知你是否察觉，这些文章或图书的作者为了将枯燥复杂的科学原理用通俗晓畅的文字讲解清楚，可是花了相当大的功夫。

比如，有不少科普作品都会从身边熟悉的、已知的事物出发，引出未知的知识和原理，运用类比等修辞手段层层深入。科普作家叶永烈把这种笔法比作"变电站"，说"科普"是把"高压电"——高深的科学知识转变为"低压电"——

科普作品，再进入千家万户。这个比喻生动形象，非常贴切。科普短文就像一个个微型"变电站"，把艰深的科技知识变为通俗易懂的文章的过程就好比"变电降压"。要想写好科普短文，作者得有真功夫，不仅得明白高深的、有待转化的科学知识，还要能根据读者的需要和接受程度进行"变电降压"。

再比如，统编版初中《语文》八年级下册教材中收录了美国作家阿西莫夫的两篇科普短文《恐龙无处不在》《被压扁的沙子》。6500万年前，在地球上生活了约1.6亿年的恐龙灭绝了，成为生物史上最大的谜案。这两篇短文，一篇依据在南极发现恐龙化石的事实，佐证了大陆漂移假说；一篇通过对"被压扁的沙子"的反思，证明外星撞击导致恐龙灭绝。

作者按照逻辑顺序，重在说明事理，在短小的篇幅内，将抽象的科学知识层层剖析，既严谨又深入浅出、通俗易懂地解释清楚。

《星星离我们有多远》的作者卞毓麟曾专门写文章介绍过阿西莫夫"镶嵌玻璃和平板玻璃"的科普创作理论：

有的作品就像你在有色玻璃橱窗里见到的镶嵌玻璃。这种玻璃橱窗很美丽，在光照下色彩斑斓，却无法看透它们。同样，有的诗作很美丽，很容易打动人，但是如果你真想要弄明白怎么回事的话，这类作品可能很晦涩、很难懂。

至于说平板玻璃，它本身并不美丽。理想的平板玻璃，根本看不见它，却可以透过它看见外面发生的事。这相当于直白朴素、不加修饰的作品。理想的状况是，阅读这种作品甚至不觉得是在阅读，理念和事件似乎只是从作者的心头流淌到读者的心田，中间全无遮拦。写诗一般的作品非常难，要写得很清楚也一样艰难。事实上，也许写得明晰比写得华美更加困难。

不论是叶永烈把科普创作比作是把"高压电"变成"低压电"的比方，还是阿西莫夫"镶嵌玻璃和平板玻璃"的科普创作理论，都说明一点：严谨的科学研究不乏想象力和情感，而科学写作要具有可读性，就需要运用文学的手段。如果作家走得更远一步，使科学的严谨性和文学的想象力深度融合，还能创作出比科普更加旖旎的科幻作品。

　　相信上述科学写作的例子能帮你正确理解虚构类和非虚构类写作两者不同要求之间的关系。一篇文章或一本书应当采用什么写作方法才是适合的，取决于写作背景、目的和目标读者群。在编辑看来，不管是非虚构类的作品还是虚构类的作品，表达的创造性和语言运用的精准性都是必要的，因为陈词滥调对推动世界变好没有什么用处，而模糊、唠叨和堆砌的语言容易让读者产生迷惑和误解。

　　读到这里，可能你又要追问：**怎样才能拥有精准地运用语言，甚至创造性表达的能力？**

　　这个问题本身很复杂，简单地说有两条路径：一是大量阅读经典作品；二是要坚持写。你得让阅读和写作真正发生，才能在阅读和写作的过程中学会写作。在这个问题上，作家周晓枫的创作经验或许能带给你一些启发。

在一次访谈中，周晓枫引用了俄裔美籍作家纳博科夫的一句话："我认为一件艺术品中存在着两种东西的融合：诗的激情和纯科学的精确。"周晓枫说这句话影响了她的创作观念。她还说她非常喜欢读优秀的科普文学，可以认识到世界的博大与奇妙；同时还能认识到知识的丰富与准确，甚至速度、重量、体积、形状这些听起来枯燥的东西，其实能提供坚实的写实基础，不仅不干扰趣味和灵性，而且能让奇妙的幻境之花绽放。

批判性思维究竟有多重要？

英国作家爱德华·摩根·福斯特曾经说过这样一句话："如果我不把想说的写出来，我又怎么能明白自己究竟是怎么想的呢？"简单概括福斯特的观点，就是"只有想清楚才能写清楚"。文字是固化的思想，而写作正是将思想整理、分析，并以一种最精彩的方式呈现出来的一个过程。

可别小瞧了"**想清楚**"和"**写清楚**"这六个字。就拿"想清楚"来说吧，在日常生活中，"想不清"的情况可是比比皆是。比如，当面对一件很重要的事情需要做出判断和选择时，有些人会受脑袋里固有的概念、已经养成的推理和论证习惯、喜怒哀乐的情绪、需求程度等因素的影响，不经思索就轻而易举地做出决定，因为"想不清"导致决定错误。少年朋友们正在成长期，"想不清"在学习上的表现就更多啦。以下是专家总结出的几个现象，我们可以对比着来看，边读边思考自己有没有类似的问题：

其一，不注重独立思考，轻易相信并转述权威的言论，很少表达自己的认识和看法。

其二，在课堂上，既不主动提出问题，也不敢质疑。

其三，缺乏对自己言论、观点、意见、行为等的反省，总是认为自己的主张和看法都是对的，缺乏对他人不同观点的包容和辩证的认识。

少年朋友们的作文中由于"想不清"导致"写不清"的情况比比皆是。比如统编版初中《语文》九年级上册教材的作文单元中，明确提出了议论文写作"观点要明确""议论要言之有据"以及"论证要合理"这样三个要求。

要做到"观点要明确"，就要先把问题想清楚。自己的观点是什么，主张什么，反对什么，都要清清楚楚，态度鲜明，不能含含糊糊，模棱两可。围绕题目或按照材料的要求，要形成旗帜鲜明的观点。这还

不够，议论还应言之有据。能证明观点的材料首先要确保准确，经得起推敲，并且应保证材料与观点一致。不少少年朋友写的议论文充其量只是把观点和拿来当作论据的事例或名言堆砌在一起，既缺乏对观点与论据之间逻辑关系的考察，也没有对论据本身是否支持论点进行深入的分析，更谈不上论证必须符合逻辑规律，应通过必要的分析、阐释，使读者明白论点和论据之间的联系。

没想清楚就不负责任地发表言论的情况在互联网上表现得更为突出。《中国青年报》原新闻评论员曹林曾在《论证上的偷懒是这个时代最大的病》一文中深刻剖析了论证上的"偷懒"的危害和原因。他认为：

我们要让别人接受一个道理，是需要论证的，要以事实和逻辑去论证，要有论证的过程。而论证上的偷懒，有意无意地忽略论证的过程，只有结论而无论证过程，或者论证过程完全是狡辩，是这个时代最大的病。对论证的藐视，充斥于社会生活的方方面面，不讲理像病毒一样流淌于社会的毛细血管中。

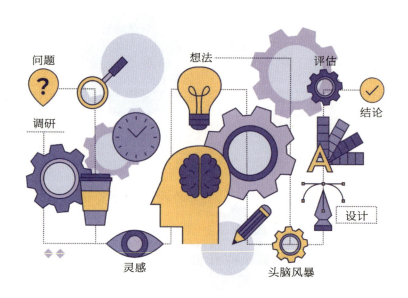

如此看来，"想不清"和"写不清"的问题是关乎良好文风乃至社会风气的大事，我们每个人都应该高度重视。

怎样才能"想得清"，进而"写得清"？我们可以借助批判性思维工具做到这一点。

什么是批判性思维？用通俗的话说，批判性思维是在决定相信什么或做什么的时候进行的合理的、反省的思维。它是一种基于充分的理性和客观事实来进行理论评估与客观评价的能力，能有效帮助我们整理、分析自己的思考，得到真理性的结论，做出较好的决策；帮助我们准确地表达、严谨地推理，以说服他人。

由于批判性思维能力能对一件事情给出更多可选择的解释，并能运用所获得的新知识来解决社会和个人问题，所以，它也是一个人具有创新能力的基础。

《礼记·中庸》第十九章有一句名言：

"博学之、审问之、慎思之、明辨之、笃行之。"

意思是说，要广泛地多方面学习，虚心地求教，慎重地思考，明确地分辨，踏踏实实地行动。这句话讲的是治学的过程和认识方法，其中"**审问**""**慎思**""**明辨**"正是批判性思维的过程。

值得少年朋友们注意的是，批判性思维中的"批判"二字不是指普通人理解的"批评""抨击",专给别人挑错,纠正别人说、写、做得不对的地方,而是特指质疑、比较、鉴别、判断的过程;批判性思维也不强调一个人的想法多么与众不同,而是关注事实根据与逻辑理性。

批判性思维既包括技能和方法,也包括态度和精神,它的关键特质是要敢于"对判断进行判断",不满足于现成的标准结论,哪怕它是权威专家给出的,多追问几个"为什么",避免自己的头脑被某种固定的答案或思维定式"冻住"。

如何"对判断进行判断"?

　　如何"对判断进行判断"呢？我们一起来看两个小故事。

　　苏格拉底（前 469 年—前 399 年）是著名的古希腊哲学家。第一个故事是关于苏格拉底与一个年轻人的对话。这个

苏格拉底

年轻人自认为十分有见识，但苏格拉底却认为他缺乏真正的知识，就问他："你了解什么是勇气吗？"年轻人回答："当然，勇气就是为了正义而战！"苏格拉底进一步问道："那你了解什么是正义吗？"年轻人沉默了一会儿，他意识到自己并不了解正义的本质，于是开始向苏格拉底请教。

　　第二个故事则是关于苏格拉底与一个学者的对话。这个

学者是个自命不凡的哲学家，他认为自己已经了解了所有的哲学知识。苏格拉底问他："你了解什么是爱吗？"学者回答："当然，爱就是对美好事物的热爱！"苏格拉底进一步问道："那你了解什么是丑陋吗？"学者开始陷入疑惑，他开始思考什么是真正的美和丑陋。通过对话，他开始反思自己的偏见和局限性，逐渐拥有了更加全面的认识。

两个小故事都和苏格拉底相关。追本溯源，批判性思维的起源就在苏格拉底。在当时，这位大哲学家发现许多人所深植心中的理念在诘问下常常不能自圆其说，即使在某些领域里很有权威的人物也有可能无法对其信念或论断提出理性而可靠的证明，于是，他发展出了一套聪明的"诘问法"，通过与对方的辩论和反诘来揭示其论断的矛盾之处和逻辑缺陷，引人进入更深层的思考，后人称之为"苏格拉底诘问法"。

"苏格拉底诘问法"能有效帮助我们"对判断进行判断"，至今仍然是批判性思维的核心。根据"苏格拉底诘问法"，我们针对某个论断可以从以下几个方面进行质疑：

1. 对论断本身的追究：你的论断从何而来？你是否受到某人或某事的影响？这个论断究竟说明什么？你可以换个说法来说明吗？这个论断中的概念究竟是什么意思？你能否举例说明？

2. 论断的假设与证据：该论断是基于什么样的假设之上？这些假设是否正确？我们是否还需要什么信息？你给出的证据与论断有什么关系？你如何知道该证据是真实可靠的？是否有理由怀疑你的证据？

3. 对其他视角的检验：有人会有不同的看法吗？是否可能有不同的解释？为何你的视角更为合理？

4. 论断的引申意义：对这个论断的接受意味着什么？如果我们同意你的论断，需要如何行动？

苏格拉底让人们认识到，不能仅仅是因为华丽的言辞或者权威的声明就轻易接受某个理念，相反，我们必须对其提出的概念、证据、假设和逻辑推理做严格而深入的检验。

两千多年来，继苏格拉底之后，又有许多学者、政治活动家和教育家研究过批判性思维。现代意义上的批判性思维观念始于 20 世纪初，经典的理论包括杜威的"大胆质疑、谨慎断言"和波普尔的"一切科学理论和原则都可以被证伪"等。在 1990 年 46 名批判性思维领域的专家学者共同发表的《批判性思维：教育评估和教学目的的专家共识声明》中，将批判性思维定义为：有目的的、自律的思维判断，对相关的因素包括证据、概念、方法、标准厘定、背景等，进行诠释、分析、评估、推理与解释。

批判性思维的 6 种认知技能

解读：阐明诸如数据、判断、信念、规则等的意义或重要性，包括识别或描述一个问题；识别他人的表达意图；区分主要观点和次要观点；构建分类；解释别人的观点等。

分析：对陈述、问题、概念、描述等进行分析，识别它们之间的推理关系；检测论据；比较不同的观念与视角；识别什么是最终结论，什么是支持结论的前提，什么是没有明确表达的隐形前提；分析从一系列前提到最终结论的推理的完整结构。

评估：评估命题陈述或其他诸如感知、经验、信念等的描述的可信度；对这些陈述之间推理关系的逻辑强度进行评估；识别谬误推理；判断潜在反证或补充证据对论断的削弱或加强作用。

推理：识别得出合理结论的必需要素；提出猜想和假设；考虑相关信息；从数据、陈述、原则、证据、信念中来推断结果。

解释：陈述某人推理的结果以及推理论证的过程。

自我修正：自觉地监控自己的认知活动，包括自我检查和自我纠正。

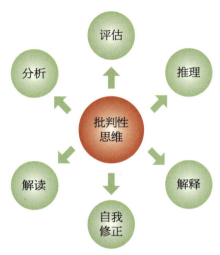

批判性思维的 6 种认知技能

　　也许大多数人都拥有这些技能的部分或全部，但如果没有充分利用它们来进行思维，就不能说其具有批判性思维。在这些技能中，分析、评估、推理是专家一致同意的核心技能，而理解语言与逻辑的关系，又是这些核心技能的基础。这又是一个大话题，对于没有学过逻辑知识的少年朋友们来说会比较"烧脑"，咱们"且听下回分解"！

了解一点儿逻辑的基本概念

　　理解语言与逻辑的关系，是分析、评估、推理这些关键能力的基础。为了使批判性思维成为一个有操作性的思维习惯，我们有必要在此用一些篇幅来谈一下逻辑的基本概念。

一般来说，一段论证由几个命题组成。其中一个命题是结论，而其他的命题则是用来支持结论的前提。批判性思维正是通过对论证中的每一个命题进行分析考察，并对命题之间的关系进行推理评估，从而对结论做出接受、拒绝或延迟判断的决定。

首先是对命题的考察。要讨论对命题的考察，需要先明确"**命题**"是什么意思。命题，就是对某个事物做判断或表达见解的一种陈述。命题有两种：一种是事实的陈述，例如：地球是围绕着太阳旋转的；另一种是见解的表达，例如：法国足球队踢球非常好看。大家要学习区分事实与见解。两种命题最主要的区别就是，事实陈述是有正误或者真假的，而见解则不一定有绝对的对错。

比如说，"地球是围绕着太阳旋转的"，这是一个正确的事实陈述，又叫真命题；而"太阳是围绕着地球旋转的"，这句话就是一个错误的事实陈述，也叫假命题。

说到这里，我们还应该谈一下在社交媒体上很"火"的一个词：**伪命题**。

你可能看到过这样的说法："创新是一个伪命题。"这种说法有错吗？当然。伪命题指的是一个没有意义的命题。首先，伪命题仍然必须是一句完整的陈述，只是这个陈述没有意义。例如：红色的雪融化得比较快。因为世界上并没有红色的雪，所以这个陈述是没有意义的。其次，伪命题和假命题是不同的。假命题是一个错误的陈述，但仍然是一个有意义的陈述。例如：太阳是围绕着地球旋转的。虽然这个事实陈述是错的，但是它仍然是一个有意义的陈述，我们可以对其进行判断。然而，在刚才的"创新是一个伪命题"这个例子里，"创新"只是一个词，而不是一个陈述，因而既不是命题，也不是伪命题。你明白了吗？现在来检验一下你对命题这个概念的理解。

创意和分析

请看下面几个例句，一起来想一想

它们究竟是真命题、假命题还是伪命题。

1. 红皮鸡蛋。

分析：这只是一个词，既不是一个命题，也不是伪命题。

2. 红皮鸡蛋融化得比较快。

分析：鸡蛋和融化没有什么关系，这个陈述没有意义，是一个伪命题。

3. 红皮鸡蛋是鸡蛋的一种。

分析：这是一个正确的事实陈述，是一个真命题。

4. 红皮鸡蛋是由公鸡下的。

分析：这是一个错误的事实陈述，是一个假命题。

5. 红皮鸡蛋比白皮鸡蛋营养高。

分析：这也是一个事实陈述，可以被判断真假。那么它是不是个真命题呢？看到例句的第一时间还真不好立刻做出判断。要想得出科学的结论，需要做进一步的调查研究。

6. 红皮鸡蛋比白皮鸡蛋更好吃。

分析：这是一个见解的表达，不同的人也许会有不同的看法。

根据传统逻辑学的理论，对命题的考察主要是看它是否正确，也就是说是不是一个真命题。这样的考察有时很简单明了，如上面的例子4。还有一些呢，则需要我们花费一些心思去搜集资料，如上面的例子5。但是，只要拥有了这种自觉思考的意识，我们就胜利了一半。因为当看到一些似是而非的论断时，我们不会轻易接受。相反，会有意识地对这些论断所提出的命题进行考察。

看到这里，你可能会说："等等！你说了这么多都是关于事实陈述的命题。那么见解表述究竟是不是一个命题呢？每个人的见解都可能不同，对它是无法证实真假正误的，那又该如何考察呢？"问得好！这个问题正是近30年来普遍开展的"非形式逻辑运动"所研究的主要问题之一。

你看，你和许多哲学家和教育家关心的问题是一致的呢。当然，非形式逻辑运动的内涵十分丰富，渊源也可以追溯得更早。它所研究的中心问题是**如何分析和评估自然语言和实际生活环境下的推理**。但这里我们不需要深谈理论，还是让我来回答你的问题吧——见解的表述也是一种命题。对于这种命题的考察不在于它是否正确，而在于它是不是可接受的。如果一个命题对于其（特定的和普遍的）受众来说不需要更多的证据支持，且不违反任何确定性的证据或标准，那么该命题就是可接受的。

　　"可接受命题"这个概念十分重要。因为在很多情况下写作的话题都可能是针对见解而非事实。有时，对于某个陈述究竟是不是事实，不同的人也可能有不同的见解。一旦我们从命题的真假判断转为可接受性的判断，可操作的空间就大为扩展了。同一个命题在不同的语境下，针对不同的受众，其可接受程度也可能不同。

非形式逻辑与论证领域里卓负盛名的加拿大哲学家科鲁迪·格威尔在他的著作《论证的实践研究》中提出了一个可接受命题，可能有以下几种情况：

1. 有令人信服的论据支持；

2. 有带出处的旁证；

3. 先验真实（定义或结构已经决定了其正确性，例如：所有单身汉都没有结婚）；

4. 大众所接受的常识；

5. 局限于个人的经验与感受；

6. 有相关领域专家的支持；

7. 为了说明问题而做的双方同意的合理假设（例如：假设你我各有一支笔）。

好了，到现在为止，你有没有觉得逻辑思维其实是一件很有意思的事呢？当然，我们才开了个头。下面，再来看一下对命题之间关系的考察。刚才我们说过，一段论证一般由几个命题组成。其中一个命题是结论（或论点），而其他的命题则是用来支持结论的前提。最简单的论证一般是由一个大前提和一个小前提，以及最后的结果组成。

例如：如果下雨，老张出门一定会带伞。今天下雨了，所以老张出门一定带伞了。

大前提：如果下雨，老张出门一定会带伞。

小前提：今天下雨了。

结论：所以老张今天出门一定带伞了。

经过刚才的练习，你应该可以轻而易举地对上述两个前提命题进行考察。

如果我们知道老张曾经有一天下雨没带伞，就会发现这里的大前提是错误的。或者，如果我们知道今天没下雨，或者老张出门的时候没下雨，那么我们也可以知道小前提是错误的。但是，如果两个前提都正确，那么由它们开始按照逻辑推理出的那个结论也是正确的。

下面这个论证却有问题：如果下雨，老张出门一定会带伞。今天老张出门带伞了，所以今天一定下雨了。

大前提： 如果下雨，老张出门一定会带伞。

小前提： 今天老张出门带伞了。

结论： 所以今天一定下雨了。

这个论证的问题出在哪里呢？问题在于前面的两个前提无法合乎逻辑地推出后面的结论。虽然我们知道老张雨天出门会带伞，但是说不定他是一个谨慎的人，不下雨的时候出门也会带伞。在这种情况下，老张带伞说明不了今天是否下雨。也就是说，上述两个前提无法保证结论的正确。

逻辑推理的意思是如果前提为真，那么结论就不可能为假。那么，命题之间的关系应该是怎样的呢？在一段论证中，每一个前提命题都应该为结论提供直接或间接的支持。对命题之间关系的考察主要在于看前提命题是否能够通过逻辑推理来支持最终的论点。如果前提到结论的推理是符合逻辑的，我们把这样的论证称为有效论证。如果前提为真，而论证是有效的，则把这样的论证称为可靠论证。

有效论证：论证的前提到结论的推理是符合逻辑的。

> 可靠论证：论证的前提为真，而从前提到结论的推理是符合逻辑的。
>
> 在非形式逻辑的框架下，我们可以把对论证的考察扩展为这样：
>
> 1. 找出所有前提（含隐形前提）；
>
> 2. 考察前提的可接受程度；
>
> 3. 考察前提对结论的支持程度。

如果论证的前提命题相互之间没有矛盾，前提与结论有较强的相关关系，从前提到结论的逻辑推理是有效的，或者有很强的归纳性，那么我们就可以说前提对结论的支持程度比较强。

批判性思维还有许多很有意思的内容，比如，前文提到的有些少年朋友不注重独立思考，轻易相信并诉诸权威的言论，很少表达自己的认识和看法的现象，他们就很容易犯"诉诸权威"的逻辑谬误。

大名鼎鼎的意大利科学家伽利略讲过这样一个例子：中世纪有一个经院哲学家主张人的神经会合于心脏，于是一个解剖学家请他参观人体解剖，当他亲眼看到人的神经确实在大脑中会合时，他仍不相信，并说："假如亚里士多德的著作里没有与此相反的说法……那我一定会承认这是真理了。"这就是"诉诸权威"的典型谬误。

在网络平台上传播的各种谣言中,有很多都犯了"诉诸权威"的逻辑谬误。比如"经济学家×××认为爱因斯坦的相对论是不可能的","×××研究发现牛奶可致癌","气候学家×××的研究指出近几十年的全球暖化和人类经济活动无关"等,这些言论诉诸一家之言的权威,忽略了实际上该立场多有争议。

顺带说一句,我们为什么要培养科学精神?因为科学精神的实质就在于用批判性精神驾驭科学工具,从而获得真理。科学知识一直都是通过实验及观察获取的,"诉诸权威"在科学上是完全行不通的。

美国天文学家卡尔·萨根曾经表示:"科学的伟大之处就是其对权威的不信任。"因为就算是权威,他们的很多论点并非基于事实与观察,最后仍会被证明是错误的。权威和普通的科学研究者一样,都需要以同样的手法证明一件事情的对错。

怎么样，现在你对批判性思维是否已经有了最基本的了解？建议少年朋友们经常有意识地训练自己的批判性思维能力。你会发现，你越是这么做，培养自己的批判性思维这件事会变得越容易，而且特别有意思。

试一试：

下列说法是否成立？如果不成立，你能说说问题出在哪里吗？

◆这个学校的教学质量非常好，因为一位诺贝尔奖获得者曾在这里任教。

◆天亮了鸡就叫，所以，如果鸡叫了，就说明天已经亮了。

◆张某是没有上过大学的，但张某的写作能力很强，可见有的写作能力很强的人是没有上过大学的。

◆所有的天才都高度近视，我是高度近视，所以我是天才。

◆凡真理都是经过实践检验的，进化论是真理，所以进化论是经过实践检验的。

如何在写作中运用批判性思维？

　　言归正传，接下来聊一聊如何在写作中运用批判性思维，以初中议论文"**观点要明确**"的作文训练为例。

　　对一件事、一个材料发表看法，必须先把问题想清楚。自己的观点是什么，主张什么，反对什么，都要清清楚楚、态度鲜明，不能含含糊糊、模棱两可。你有没有问过自己，什么样的情形算没把问题想清楚，什么样的情形就算想清楚？

　　面对老师布置作文时所提供的材料，你的灵感来了，脑海中冒出的观点也许不止一个，你甚至会为自己的观点拍案叫绝，恨不得立刻奋笔疾书……且慢！这个时候一定要给自己的思维"踩个刹车"，你需要冷静地用"苏格拉底诘问法"追问自己很多问题。比如，我判断自己确立的观点有什么依据吗？如何界定我的观点中的关键词？我的观点是否

有漏洞？有无普遍的意义？需要补充和完善吗？别人会支持这个观点吗？如果不支持甚至反对，那他们可能会有哪些理由……

假如有这样一份作文材料摆在你面前，你如何提炼你的观点？

1796 年，英国天文学家马斯基林发现助手测定的星体运行时间总是比自己测定的慢 0.8 秒，便以缺乏责任心为由辞退了助手。此事引起德国天文学家贝塞尔的关注，经深入研究，他发现人与人的反应时间差异是客观存在的，这种差异与责任心无关，而与人的神经系统、感觉器官存在个体差异有关。

你可以先不往下读，先来个"头脑风暴"，用气泡图记录你所想到的观点的关键词……

在这则材料中，马斯基林发现助手比自己测时慢，以缺乏责任心为由辞退助手，贝塞尔经研究发现人与人的反应时间的差异，发现了科学规律。材料中的关键词"差异"很容易被捕捉到，观点的确立往往从此展开。

那么，由"差异"你联想到了什么？

让我来猜猜你的气泡图上写了哪些"关键词"："换位思考""包容""尊重""理解""合作交流""差异为美"……被我猜中了几个？

如果你的气泡图上出现了这几个"关键词"中的任何一个，我都得毫不客气地说："抱歉啊，朋友。这些关键词统统没抓准，这表明你的思维存在偏差，这种偏差与你的思维的跳跃、不严谨有关，而且，你缺少相应的思维训练！"

别不服气，让我来帮你分析分析。就拿"换位思考"这个"关键词"来说吧。材料中确实写了贝塞尔在深入研究后发现，"人与人的反应时间差异是客观存在的，这种差异与责任心无关，而与人的神经系统、感觉器官存在个体差异有关"，你很可能根据这句话做出预判：因为个体的差异是客观存在的，所以我们待人处事时要换位思考。

问题是我们要依据完整的材料提取自己的观点。"换位思考"和两位科学家究竟有什么关系？

◆第一位天文学家是因为没有换位思考导致误会助手的吗？

◆第二位天文学家是因为换位思考所以发现规律的吗？"换位思考"和两位科学家各自的态度、行动之间的因果关系成立吗？

因果关系显然不成立。

让我们再研读材料文本，回到核心事件的起点，思考两位天文学家面对助手测时慢（人与人的反应时间存在差异性所致）的态度各是什么样的：

◆第一位天文学家忽略个体的客观差异以至于做出助手"缺乏责任心"的主观臆断；

◆第二位天文学家不忽略客观差异以至于发现规律："人与人的反应时间差异是客观存在的，这种差异与责任心无关，而与人的神经系统、感觉器官存在个体差异有关。"

"换位思考"作为原因在材料中说不通，倘若你将此作为自己的观点，结果当然就是立意上的"跑偏"；而材料中两位科学家的做法因为与"换位思考"无关，也无法被当作恰当的论据来运用。

现在，交给你一个任务。请你按照这个思路，将你写在气泡图上的"关键词"一一重新进行辨析。在这个重新审视的过程中，要尽量"察觉"自己的思维过程在哪个环节上出现了偏差。相信你经过这样的一番审视和思考，一定能提炼出正确观点：应正视个体的先天性的自然差异，不应主观臆断。

02

CHAPTER TWO

演练篇

超实用的写作步骤

记住它，练习它！
超级实用的写作步骤

成功地写出一篇好的作文主要需要五步：预写、起草、修改、编辑、发表。

预写是写作过程中的计划阶段。在这个阶段，作者会进行"头脑风暴"来收集和作文话题有关的想法。例如，作文的话题是"关于读书"，你可能会以"读书"为中心来绘制你的想法图。然后，你围绕着中心话题画出一个个圆圈，并将想到的主意放入各个圈中。

你可以问自己几个问题：读书是什么意思？读书对一个人的学习和思维有着什么样的作用？你可以用下面的图来记录你想到的问题和答案。

预写

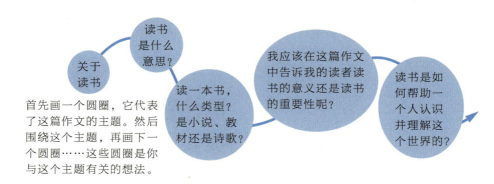

首先画一个圆圈，它代表了这篇作文的主题。然后围绕这个主题，再画下一个圆圈……这些圆圈是你与这个主题有关的想法。

思维导图

当你绘制完初步想法图后，你就会想去图书馆查阅相关书籍或资料来解答你的问题。

在你展开研究的时候，思考一下你的读者是谁，你为什么要为这些读者写这篇文章，写这篇文章的目的又是什么，是说明读书的重要性还是阐述读书如何帮助一个人成长。

预写是写作的计划阶段——就是你在开始写作前要做的事情。这个阶段包括寻找主题、集思广益、调查研究以及创建大纲（可以利用上述两种方法进行）等。

这一步主要是确定你的文章真正想要表达的东西，以及你的文章内容将要涵盖的信息。这个步骤不仅有助于简化其他步骤，还能够排除你在正式写作阶段可能出现的问题。

预写阶段没有最少或最多的时间限定。请开开心心地做好这一步！当你对文章或写作任务感觉良好时，就请进入下一阶段。

在这个阶段，你会完成一个初稿，有条理地写下你收集起来的所有想法。初稿应传达一个观点或呈现一个论题。记住你预设的目标读者群，这样他们就比较容易读懂你的文章。举个例子，如果你写的文章针对的是同龄人，那么你的文章包含的就应该是你和同龄人掌握的词语以及你和同龄人都比较熟知的参考文献。同时，你还应该非常清楚为什么要为同龄人写这篇文章。**在起草阶段，你要尽可能快地将你所有的想法写在纸上。**很多人发现这一步是最轻松的，因为你不需要思考太多。

你已经在预写阶段计划好了一切，所以你已经知道了写作的内容和顺序。在这步中，你不用担心太多，只需要顺着

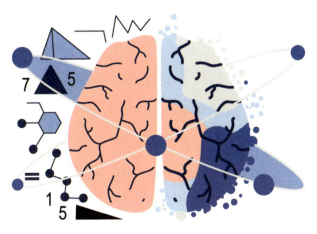

起草

大纲把句子完整地写出来就好。

有些作者会在这个阶段变得紧张。

不要紧张！否则，它会导致你的写作变得糟糕，有时甚至会终结作者的写作之路。记住以下几点，这会对你很有帮助：

1. 除你之外没有人会阅读你的第一稿。

2. 从定义上来讲，草稿作文就是不完美的。

3. 过度思考你的写作会使你的文章变得更糟，而不是更好。只须尽快写下你的想法，不要担心错字、语病或其他任何问题。

4. 你可能会发现，你在写作过程中想到的内容多过你在预写阶段的计划。

5. 不要紧，事实上，这是非常自然的。大脑是个十分有趣的东西！在你写作的时候，大脑会建立更多的联系，有时候记住的事物还更详细。如果你想到的东西现在看起来很重要，请将它写下来，然后继续下一个观点。

6. 完成初稿后，将它搁置1—2天，然后再进行修订。

完成初稿之后，检查你的文章并做一些必要的修改，如词语的选择、观点表达的脉络和条理、删除多余部分以及大声朗读，听听你的语气是否适合你的读者。这个步骤的目的就是充实你的写作内容，使话题的表达更具连贯性。

有时候你只需要对初稿进行一次修改，有时候需要 9 次甚至更多。通常情况下，在完稿之前你至少有 3 份草稿。

我的建议是一直修改下去，直到文章通顺、合乎逻辑，并能有效地将信息传达给你的读者。

用另一种角度审视你的文章也很重要，它可以帮你指出文章中表述不清、听起来不对劲的地方或其他问题。如果你的文章有字数要求，在这个阶段你也要确保你的文章符合这些要求。

当你有了一个满意的终稿，同样地，将它再搁置几天，然后进入最后一个阶段。

在这个写作步骤中，你需要校对并修改语法与

修改

编辑

技术错误。通过这个步骤，提升文章风格并使主题更加明确。**编辑阶段是最后的润色阶段**。最后再读一遍你的文章，检查一下风格、语气和预期效果。仔细阅读检查是否有错别字、语病、标点错误、格式错误（包括参考文献、页边距、字体和字号等），并在完成写作后复核字数。

你也许希望别人也读一读你的文章，因为他们比一个反复阅读同样文字的人更容易发现这些错误。

在写作的最后一个过程中，可以**将终稿分享给你的目标读者群**，倾听他们的反馈并欢迎他们做出评论。当你收到宝贵的读者反馈，你可以利用这些反馈进一步夯实你的论点，阐明你的写作目的。

学会思维导图，写作不再是难事

读者就像探险家，在你的文字里寻找出口。你的任务就是引领他们沿着小径穿越树林、穿越河流、穿越峡谷。给他们绘制一张清晰的地图——呈现一个优秀的作品——他们就可以毫无困难地穿越你的丛林。反之，一张糟糕的地图会让他们坠入悬崖、掉入冰窟，让他们处于一团乱麻之中。

不管你是否已经意识到，在学校各学科的学习中，在你和好朋友的在线聊天中，甚至是在电子游戏中，你几乎每天都避免不了写作。提高你的写作水平会让你拥有更好的沟通交流能力，让你在学校以及生活中获得更大的成功。

如何为你的文章或其他写作任务绘制一张"地图"？这张"地图"里所绘的当然不是山川河流，而是你的思想。绘制思

确定中心句

头脑风暴

建立联系

组织你的思维导图

检查你的思维导图

维导图是一件很有趣的工作，所以很多人喜欢使用这种方法。它能快速地捕捉并组织你的想法，形象地概述你的文章或故事，帮助你设计写作内容——就像是铺一条小径，从一个想法通往另一个想法，引领你的读者读完整个故事。简单来讲，在写作的"预写"阶段使用思维导图，可以帮助你更加清晰地看到"大局"。

我们先一起看看统编教材初中七年级《语文》上册中蒲松龄的《狼》这一课的思维导图，感受一下这张图是如何将文章文脉梳理清楚的。

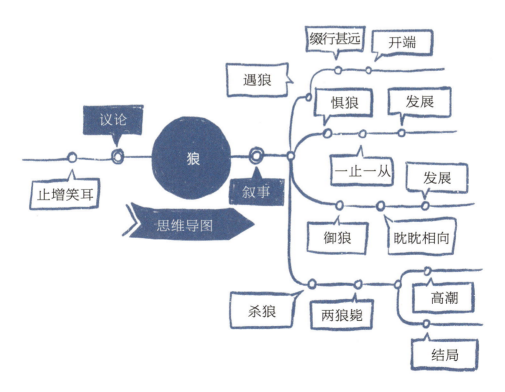

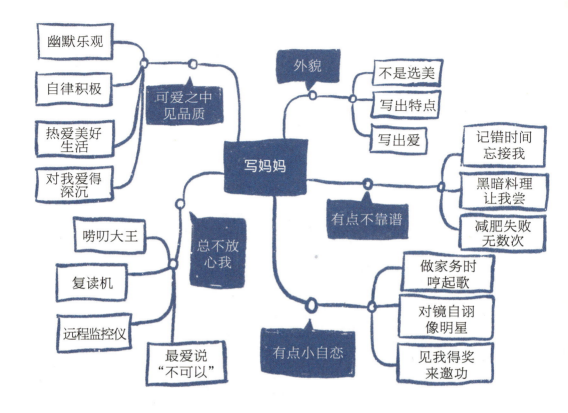

接下来的这张则是一位小学生准备写自己最熟悉的亲人——妈妈时绘制的思维导图。你不妨研究一下两张思维导图的绘制方法，看看有什么规律可循。

你可以根据自己的喜好简单或详细地绘制你的思维导图，让你的故事或文章形象化，这样你在写作过程中就会更加轻松。绘制作文思维导图并不难，你只需要经历以下五个步骤：

如何绘制作文思维导图?

步骤一： 确定中心句

一开始就把表达作文中心意思的句子或关键词（一般为文章题目）写在纸的中央位置，并以此为中心，发散思维。多角度、多层次地寻找和确认作文的主题，这是动笔绘制作文思维导图的起点。

步骤二： 头脑风暴

围绕中心句展开发散思维。建议你做个"头脑风暴"，先画一个思维导图的草图，将所有围绕写作主题展开的想法或事情逐一在草稿纸上写下来或画出来，不必理会对或错，也不去想应该或不应该。

步骤三： 建立联系

对草图上列出的内容进行筛选或删减、补充，找到所选材料之间的相互关联，适当合并，确定详写、略写的内容及写作顺序。

步骤四： 组织你的思维导图

比如，你要写的是记叙文，那你不妨按照记叙文的六要素——时间、地点、人物、起因、经过、结果，从"中心句"向外扩张，写六个主要分支，然后再连接主要分支和二级分支，接着再连接二级分支和三级分支，并依次类推。

步骤五：检查你的思维导图

确保你没有漏掉任何重要想法。确定开头和结尾都出现在了你的思维导图中，因为它们是你文章的关键部分。

到此为止，写作思维导图就算大功告成了，开始写作吧！当然，值得一提的是，在写作预写阶段使用的思维导图，绝不止上面这一种画法；思维导图本身就可以应用于所有认知功能领域。建议你把上面这种预写阶段思维导图的绘制方法当作"入门"练习。

具体到一篇文章的写作，其应用场景不同，背景不同，目的不同，目标读者群不同，写法也不尽相同。而思维导图对发散性思维、非线性的自然流动、颜色、图像和文字等关键要素更是有很多具体的要求。

对思维导图有兴趣的少年朋友不妨深入钻研下去，找一找思维导图的发明者东尼·博赞的《思维导图》专著来读。尽早学会这个技能，你将受益终身！

另外，还想提醒一点：关于写作，不论是这一章节介绍的作文思维导图，还是下一章节介绍的"四格写作法"，或是其他什么方法，对于正在学习写作技法的你来说，并没有一个绝对正确或者"错的"方法。重要的是找到一个适合你的写作方法。如果你能很好地传递给读者他所希望了解的信息，那么你的写作就会成功。

试试"四格写作法"

对很多少年朋友来说，写作文之前画思维导图的方法很管用，甚至一些作家也会使用这种工具。但有些初学写作者却觉得它们不太容易掌握。这里还有另一种工具可以帮助我们写作，那就是"四格写作法"。

"四格写作法"又称"四方形写作法"，是由美国写作教

师朱迪思和埃文等为1—9年级的少年朋友共同创作的写作指导方法。

这种写作法可以广泛运用于记叙、描写、抒情、说明、议论等多种文体的写作中，无论是一个简单的段落还是一个故事，甚至是一篇有说服力的文章，都可以借助它来构思、谋篇布局并推敲词句。

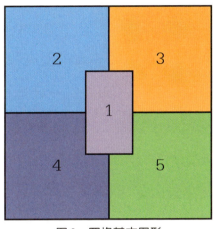

图1　四格基本图形

使用"四格写作法"最简单的方法就是在一张纸上绘制四个方框。你也可以将纸折叠两次：纵向一次，横向一次，这样你就可以得到四个面积相等的空格。在纸的中间画上一个小长方形，用来写作文的标题。

当然，也可以根据写作的实际需求来个"变式"：

你画的格子虽没有思维导图的"泡泡"，但它将是一

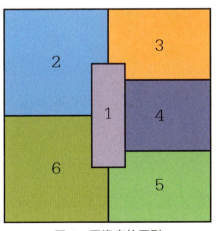

图2　四格变体图形

张漂亮有序的列表，能帮你更清晰地看到"大局"。

先举一个简单的例子——

假设你正在写一篇关于过山车的文章，第1格中的主题句就可以写"为什么我喜欢坐过山车"。现在，在第2、3、4格中各写下一个原因。原因1可以写"过山车真的很快"，原因2可以写"过山车真的很高"，原因3可以写"我的朋友也很喜欢坐过山车，和他们一起坐过山车很有趣"。第5格是你写下文章结论的地方。在这个格子中，结论可以写"我喜欢坐过山车，因为过山车真的很快、很高，还有，我喜欢和我的朋友一起坐过山车"。这个如何构思写坐过山车的写作例子真是太普通不过了，只是为了让你知道如何使用四格写作法。这种方法的有趣之处在于，我们还可以用它来写更长、更复杂的文章。

比方说，你要写一篇有关游客经常参观的三个中国旅游胜地的文章，中心位置第1格的主题句就可以写"中国三大旅游胜地"。然后，你可以在第2格中写"长城"，第3格中写"颐和园"，第4格中写"曲阜孔庙"。你可能还需要解释为什么这些地方的中国游客最多，你可以用数据来证明。你还可以在第5格中加入关于文化意义的内容。与上述基本示例一样，这部分将是我们的结论。在一个段落中，你可以复述一遍这三个旅游胜地，并提及它们被列选的重要原因（从

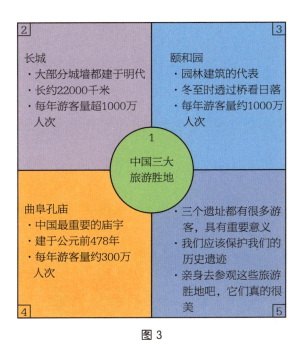

图 3

游客数量、文化意义等方面加以总结）。然后，根据你的写作目的，你可能想谈谈为什么旅游业对中国总体来说很重要，或者为什么保存这些文化遗址具有重要意义。你完全可以加入你的想法，尤其在你自己已经去过当中的一个或多个地方的情况下。

你可以不断地增添细节，这取决于你的文章或写作内容的长度。举个例子，如果你要写一篇 10000 字的文章，只须确保用大方框开始你的大纲即可！你也可以为每个方框再建四个方框，进一步对每个论点进行详细分解。用上述例子来讲，第一个论点的四个方框中央的标题可以是"长城"，然后每

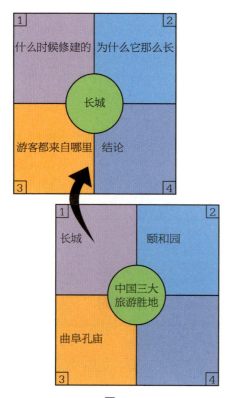

图 4

个方框可以进一步详细介绍长城是什么时候修建的、为什么它那么长、游客都来自哪里，再写下一个结论，然后进入下一个论点。

四格法能很好地将你的想法组织在一起，你可以结合列表和可视化的方法来设计你的写作任务。它适用于任何类型的文章。

如果你要写一篇记叙文，可以像图 5 所示，在中间一格

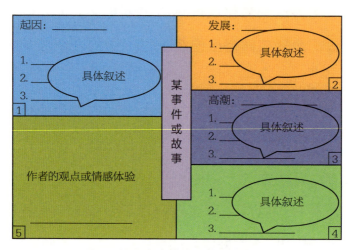

图 5　记叙文文体的五格写作框架

中先写下主题句，然后用一句简短的话或是短语对要记叙的某事件或故事进行概括，在第 1、2、3、4 格中分别填写事件或故事的起因、发展、高潮和结局各个部分的概述或小标题等，在第 5 格中总结你的观点或情感体验。

如果你要写说明文，可以像图 6 所示，在中间一格中写清说明的具体对象（某事物或事理），在第 1、2、3 格中分别填写被说明的事物或事理的特征，以及拟选取哪个角度进行说明。

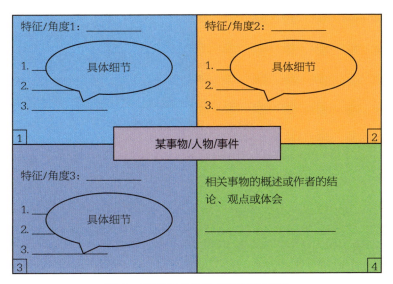

图 6 说明文文体的四格写作框架

说明的对象：某事物或事理

　　在写议论文时，可以在中间一格中先写上文章的主题，即中心论点。第 1、2、3 格中罗列围绕中心论点展开的分论点，在第 4 格中写上文章最终得出的结论（见图 7）。

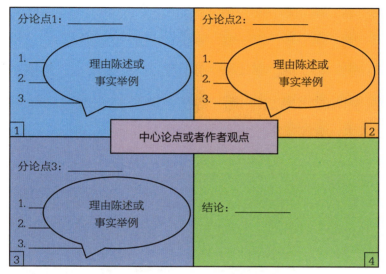

图 7　议论文文体的四格写作框架

　　你还可以将四格写作法应用于应用文写作上（见图 8）。在中间一格写清文章类别，即文章属于建议信、邀请信、演讲稿、通知、日记、通讯报道等中的哪一类，其余每格应填写的内容因文章类别的不同会略有不同。

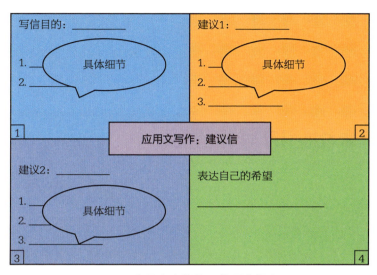

图 8　应用文文体的四格写作框架

以建议信为例。第 1 格应填写建议提出的背景或目的；第 2、3 格中写清具体的两三点建议；第 4 格为总结或提升，作者可在此表达期望。

不论是哪一种文体的"四格"，都可以进一步细化，充实细节，从而丰满"血肉"，形成文章。

大作家给你的写作建议

英国作家克莱儿·麦克福尔撰写的小说《摆渡人》

2013 年在英国首次出版。

2015 年 6 月,百花洲文艺出版社出版了中文版。

故事的主人公叫迪伦。她是一个 15 岁的单亲女孩,在生活中处处失意。有一天,她鼓足勇气给从未见过的生父打了人生第一个电话。因这次通话的美好,她不顾母亲的阻拦,决定坐火车去见父亲一面。结果没料到,她在苏格兰遭遇了一场可怕的火车相撞事故。醒来后她发现自己孤身一人在空空的列车上,四周是渺无人烟的荒漠。当迪伦爬出火车残骸时,她还以为自己是唯一的幸存者,却不知道自己其实是唯一的遇难者。真的只剩下自己了吗?迪伦渐渐意识到,自己是火车上唯一一个没有生还的乘客。等待她的,是年龄比她大一点点的"摆渡人"崔斯坦。摆渡人的神奇使命是带领人们的灵魂穿越荒原，保护他们不被恶魔和荒原野鬼掳去。崔斯坦引领她一路越过恶魔横生、阴阳两界相交的地方——作者称之为"荒原"，最终到达灵魂的归属地。而在那里，她看到了很多亡者，他们无一例外地以别样的方式守护着他们尘世间的牵挂，等着亲人们到来的一天。

这部小说一经出版，就获得了该年度 12—16 岁类别的苏格兰童书大奖，后来又荣获苏格兰图书大奖、布兰福博斯奖、格兰扁图书奖等大奖，同时对 33 个国家输出了版权。后来，作者又创作了后两部并陆续出版。

写作对于克莱儿来说非常重要。她曾说"不写作我就活不下去"。以下是从对克莱儿的访谈中提炼出来的写作建议：

1. 博览群书。

一名好的作家，首先是一名博览群书的读者。所以，要阅读不同流派和不同风格的书籍。男性作家和女性作家的作品兼容并举也很重要，这有助于你丰富自身并更好地理解语言、风格、叙事和人物特征的运用，同时也对你的写作产生多方面影响。如果停留在一种风格、一个领域，你会错过一些很重要的特色。

2. 尝试使用多种表达方式。

在校就读时，你得写很多中规中矩的文章，因为这一时期正是需要用成熟、严谨的方式来表达的阶段。学校要求所写的东西必须严谨，你要接受良好的教育，服从、遵循写作的规则就十分重要。

不过，即使有必要遵守学校规章，你依然可以尝试多种写作方式和风格。为了追求所谓的"成熟"而牺牲作品的创意，是一件非常可惜的事情。如果有机会，很有必要在业余时间写些有创意的东西。等到你可以写出更有创造性而不需要拘泥于形式的文字时，就可以转向更为自由的写作风格并找到自由发挥的空间，这时写作才变得真正有趣起来。

3. 尝试反复试错，找到最适合自己的构思方式。

通过反复试错来提高自己的写作能力很重要。有人会画出思维导图，有人则喜欢制作人物角色图表，还有人喜欢用便条贴拟定写作大纲。你可以快速地把想到的东西全都写下来，然后再看故事该怎么发展。你必须通过尝试，找到最适合自己的方式。

4. 写点什么吧——不要总盯着空白页发呆。

写点什么，即便一文不值，也要坚持写下去。别盯着空白页发呆，写点什么都比无所事事强。作家也会有边写边否定自己的时候，但还是会坚持写下去。空白才是最可怕的敌人。一定不要空着。无论如何，还是写点什么吧。只要有行动，状态就会越来越好。你可以回过头去修改，那是写作必不可少的过程。

5. 做好准备，你的作品将会有不同的人读。

如果你想成为一名作家，就必须心怀读者，并做好心理准备——有人会审阅、编辑、修改你的作品。这是一个令人望而却步的漫长过程。别人的评判和挑剔对你来说是一种挑战，但你必须面对并尝试应对这样的

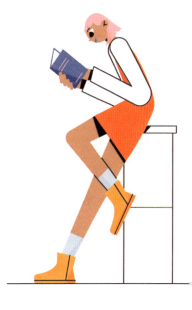

挑战。令人愉快的评价远比令人不愉快的有分量，善意的评价总是让作者精神振奋。当然，你所做的不会让每个人都喜欢。明白这点不容易，但这是事实。

6. 练习，练习，再练习。

每个人都可以写作，只是那些经常练习的人会写得更好。要是愿意学，每个人都能写好，道理就这么简单。天生的画家从小就开始不断练习，他们的自信正是来源于勤练。被当成天才写手的人，只不过比普通人练得更勤而已。

7. 常玩词语游戏，不断丰富你的词语库。

词语游戏适用于所有的写作风格。常玩词语游戏，并乐于不断学习新词汇，你就可以储存足够的武器来创作非同一般的东西。词汇量越大，写作时就越能信手拈来。尽量使用简单平实的语言，而不是追求华丽的辞藻。选词和用词只有一个目标——精准地表情达意。

以下是克莱儿玩词语游戏时的生动例子，这些句子来自《摆渡人》。

雨：克莱儿没有写"天下起了雨"，或单纯地讲一个故事，而是帮助读者在脑海里勾勒出一个个有雨的画面：

> 硕大的雨滴时缓时急，杂乱地敲打着车站的白铁皮屋顶，宣告自己的降临。

进门：进房间这么简单的事情也可以用文字表达成一个故事，而不仅仅是将过程讲出来：

> 小屋的门很陈旧，因为毗邻潮湿的湖畔，所以木头已经膨胀变了形，紧紧嵌在门框两侧的直木里。
>
> 崔斯坦扭动门把手，用肩膀撞门。木门开始发出吱吱呀呀的声音，最后终于勉强开了一条缝，崔斯坦跌跌撞撞地进了屋。

声音：克莱儿不仅直接引用了母亲的话，还用夸张的手法写母亲的嗓门之大：

"起来！起床！你要迟到了。昨天晚上是不是又碰电脑了？

要是你管不住自己，你社交方面的事我可要多操心了，你不希望这样吧！"

正梦到一个陌生的帅哥，母亲的大嗓门就骤然响起，扫兴地搅了那场美梦。她尖利的嗓门恐怕连玻璃都能穿透，所以迪伦的潜意识并未做过多的反抗。

这个简单而实用的技巧很值得尝试。现在开始，你也可以尝试在日常话题中玩词语游戏，如去学校、进教室、和家人一起共进晚餐等，看看你能用什么新词来描述这些场景。

我们有理由相信作家从创作实践中总结出来的经验："只要坚持、不放弃，假以时日，奇妙甚至是神奇的事情就会发生在你身上。"

如何像福尔摩斯那样，
让观察成为你的第二天性

在《福尔摩斯探案全集》的一开篇，华生与福尔摩斯第一次见面握手的瞬间，福尔摩斯就准确说出他是来自阿富汗的退役军医。这让华生惊叹不已。华生百思不得其解，以至于一直耿耿于怀。终于有一天，他们在聊天时说到这个话题，福尔摩斯做了这样的解释：

我当时一看就知道你是从阿富汗来的。由于长久以来的习惯，一系列的思索飞一样掠过我的脑际，因此在得出结论时，我竟没有意识到推理所经的步骤。当然，这中间是有着一定的步骤的。在你这件事上，我的推理过程是这样的："这位先生具有医务工作者的风度，还有一副军人气概。那么，显然他是一个军医。他刚从热带回来，因为他脸色黝黑，但是，从他手腕的皮肤黑白分明看来，这并不是他原来的肤色。他面容憔悴，这就清楚地说明他久病初愈而又历尽了苦难。他左臂受过伤，现在动作起来还有些僵硬不便。试问，一个英国的军医在热带地方历尽艰辛，而且臂部负过伤，这能在什么地方呢？自然只有在阿富汗了。"这一连串的思索历时不到一秒钟，因此我就脱口说出你是从阿富汗来的，于是你感到了惊奇。

用不着多举例，人物出场时的简单亮相就足以证明福尔摩斯在观察和推理两方面的特殊才能，后面的精彩故事一次又

一次验证了这一点。作为读者，相信你也想过这样的问题——怎样才能具备福尔摩斯那样的本领？老师也教过我们如何观察，可为什么我们和福尔摩斯之间，就相差十万八千里呢？

别着急，关于如何锻炼观察力，先看看福尔摩斯怎么说的。当然，这更是作家柯南·道尔借主人公的语言教给读者的方法。福尔摩斯说：

> 初学的人，在着手研究极其困难的精神和心理问题之前，不妨先从较浅显的问题入手。比如遇到了一个人，一瞬之间就要辨识出他的经历和职业。这样的锻炼，看起来好像幼稚无聊，但是，它却能够使一个人的观察能力变得敏锐起来，并且教导人们应该从哪里观察，应该观察些什么。一个人的手指甲、衣袖、靴子和裤子的膝盖部分、大拇指与食指之间的趼子、表情、衬衣袖口等，不论从以上的哪一点，都能清晰地显露出他的职业。

这样的观察练习你完全可以当作益智游戏，拉着你的同学或好朋友一起做。有一些创意儿童写作课上玩的正是这种游戏：

老师邀请了一位男大学生扮演"神秘人"。起初，同学们并没有把注意力真正放在观察对象的身上。这个"神秘人"走进教室足足站了一分钟后才离开。结果可想而知，当老师问大家记住了这个男大学生的多少细节时，十几位同学零零落落地只凑出了十几条。

老师把所有同学分成四组，请他们开个会，讨论如何能够成为记住细节最多的那个组。五分钟讨论结束后，又请出神秘人走进教室站立一分钟。这次，同学们全部安静地观察，后来他们每个小组都写出了几十处细节。

其中一组观察到的细节和推导出的结论是这样的：

> 他眼圈很黑，说明前一天晚上熬夜了；
> 他系了腰带不方便运动，说明他今天没有运动；
> 他肌肉不太结实，说明他不怎么健身；
> 他裤子上有玫瑰花图案，他发型很整齐，说明他很在意自己的外貌。
> ……

有个聪明的女生拿了一个本子请神秘人签名。可别以为这是"追星族"请偶像签名，她在根据字迹推测一个人的个性。

后来老师把所有同学写下的观察记录拿给"神秘人"本人看，这个男生说："我浑身都在冒冷汗，这些小孩太厉害了，能够观察到这么多东西！我感觉我整个人就像被放到放大镜下面一样。"

怎么样？这"以貌取人"的游戏好玩儿吧？这样练习观察能力的游戏活动还有很多。

比如，你和小伙伴可以步行穿过一条街，或者走进菜市场，走进一个社区……重要的不是去哪里，而是要把全副的身心都放在鼻子那里，用心感受味道。当然，你也可以和小伙伴比一比，谁从空气中辨别出来的气味儿种类最多，甚至，你们还可以给"收集"来的气味儿起好听的名字……

当然，我们可别因为是在游戏中练习观察而小瞧了观察能力。观察能力是一种非常重要的能力。你看福尔摩斯，他做出精准的推理凭借的就是细致入微的观察能力。福尔摩斯形容自己"有一种利用直觉分析事物的能力"，"观察能力是我的第二天性"。读到这里，你可能会质疑：福尔摩斯只是小说中塑造的人物呀，现实中的观察能力也有这么重要吗？

是的，在现实中，观察能力非常重要。"观察"绝不仅仅是"看"那么简单，重要的是要有大脑主动参与思考。观察能力的强弱，直接影响着我们的认知程度、学习成效，甚至在未来工作中的表现。科学领域的重大发现更是离不开观察。牛顿通过观察苹果落地的现象发现了万有引力；瓦特通过观察水开后壶盖会跳动的现象发明了蒸汽机；英国生物学家、进化论的奠基人达尔文则说："我既没有突出的理解力，也没有过人的机智，只是在观察那些稍纵即逝的事物并对其进行精细观察的能力上，我可能在众人之上。"

如果你想让观察能力也能成为自己的"第二天性"，就要记住并实践福尔摩斯教你的方法。观察、推断和分析等能力也像其他能力一样，只有经过长期和耐心的钻研才能掌握。

随笔：一场穿越时光的旅行

在中国，"随笔"这个词古已有之。它作为一种文类的名称始于宋代。

如宋代的洪迈在《容斋随笔》自序中说："予老去习懒，读书不多，意之所之，随即纪录，因其后先，无复诠次，故目之曰随笔。"这句话的意思是说："我年纪大了，习惯懒散，读的书不多，心里想到什么，就随时记录下来。它们按照记录时间先后排序，没有经过选择和编辑，所以叫作'随笔'。"

清代陆以湉作的《〈冷庐杂识〉序》中也有一段涉及"随笔"定义的文字："暇惟观书以悦志，偶有得即书之，兼及平昔所闻见，随笔漫录，

不沿体例。"这句话很好地体现了随笔的特点：文字随着思路率性而作，文体、写法等都不受传统规矩的约束。

当代作家、学者对随笔有不少讨论。总体来说，他们对古人的见解是认同的。例如，张中行先生认为随笔有三个特点，一是内容，要"有情有识"；二是结构，"笔随着思路走"；三是语言，以"清灵"为好。汪曾祺先生在《塔上随笔》序中则认为随笔大都有点感触，有点议论，"夹叙夹议"。但是有些事是不好议论的，有的议论也只能用曲笔。"随笔"的特点恐怕还在一个"随"字，随意、随便。想到就写，意尽就收，轻轻松松，坦坦荡荡。

现代随笔在五四新文化运动的高潮中应运而生。

《辞海》（第七版）对随笔做了如下解说："散文的一种。随手写来，不拘一格，故名。中国宋代以后，杂记见闻也用此名。'五四'以来十分流行，吸收了包括英国随笔在内的外国文学的影响，形式多样、短小活泼。优秀的随笔以借事抒情、夹叙夹议、语言洗练、意味隽永为特色。"

有学者将中国的现代随笔分为小品文和杂文两类。杂文更富于战斗性，小品文更偏于抒情味。前者与西方的随笔"essay"更为接近。

英文中的"essay"本意是"检查和判断"，最早指的是一种不按照既定的规则而进行的写作，并将这种写作作为理解和探索人生的一种方法。

随笔风格的写作自古就有，但作为一种文体的随笔，始创于16世纪。当时，38岁的法国贵族蒙田结束了自己在波尔多市议会的政治生涯。一位挚友的离世令他无比难过，他想写点什么来舒缓心伤。于是他在自家宅邸的顶楼建了一个图书馆和一个写作区，静下心来写作。

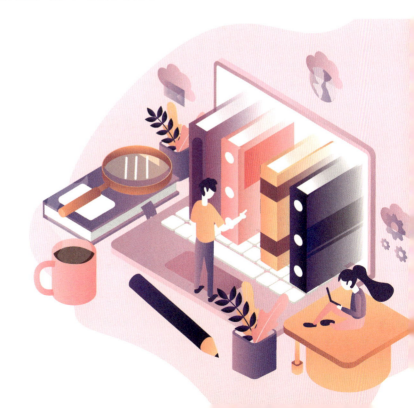

1572 年，蒙田开始写哲理性和个人回忆录类型的文章，涵盖多个不同的主题。蒙田随笔一部分写吃饭、睡觉、忘却、阅读、决断、玩乐、交谈、家庭等看似琐碎的事情；一部分也写些比较严肃的话题，如忏悔、付出、虚荣、婚嫁，还有苏格拉底的智慧、北美洲印第安文化、人的谦卑以及人类行为。蒙田可能是那个时代写作涉及面最广的作家，其作品涉及 16 世纪各种思潮和各种知识。但他的随笔并非是"前无古人"的创造——蒙田从古希腊作家普鲁塔克、古罗马作家塞内加的作品中得到启发，并从中汲取了人生的智慧。

蒙田

1580 年，蒙田出版了一部两册作品集《蒙田随笔》（*Essais*），共 107 章，每章篇幅在几页至几百页之间。文章的语言平易通畅，不假雕饰，写法上随意挥洒，信马由缰，旁征博引，汪洋恣肆。这种全新的写作风格开创了一种新的文学体裁——随笔，蒙田也因此被誉为近现代随笔写作的鼻祖。

蒙田发人深省的作品深受好评，同时也激励了其他作者大胆地直抒胸臆。蒙田的作品传播到法国之外的地区。随着

《蒙田随笔》的流传，用新的、揭示的方法来进行自由创作的理念传播开来。

> 随笔逐步发展成两种不同的形式：正式随笔和非正式随笔。
>
> 正式随笔表现为说明类风格，包括政治性评论、文学评论、艺术解读和技术分析。
>
> 非正式随笔表达的是个人的反思和观察，包括自传、诗性感悟和对话型短文。

蒙田的随笔风格启发了很多新兴作家。史学家研究认为，就连同时代著名的剧作家兼诗人莎士比亚都受到了蒙田的影响。

蒙田是随笔这一文体的开创者，而最终确立随笔文体地位的却是比蒙田小 28 岁的培根。到了培根这里，随笔的发展

日渐成熟，作为一种文体的地位也最终确立。借助这种文体，作者谈论一种新的思想，对所论问题做独特的阐释。

培根

培根的《随笔集》总共58篇短文，涵盖了从大众和私人生活中抽取的主题。培根的随笔借鉴了亚里士多德和蒙田的作品风格，但自成一派，成为英国随笔文学的开山之作。

与蒙田相比，培根的随笔潇洒飘忽，富于诗意，也更加严谨。培根对每个题目都有独到之见。他从不同角度做分析，比较各种论点，文笔紧凑、老练，说理透彻。

英国大诗人雪莱曾在他著名的《诗辩》中称誉道："培根勋爵是一位诗人。他的语言有一种甜美而庄严的节奏，这满足我们的感官，正如他的哲理中近乎超人的智慧满足我们的智力那样；他的文章的调子，波澜壮阔，冲击你心灵的局限，带着你的心一起倾泻，涌向它永远与之共鸣的宇宙万象。"培根的《随笔集》被译成多种文字，在世界文学史上占据着非常重要的地位。

随笔这一伟大乐章始于一人，后继者却有无数，作家队伍在全球发展壮大。19世纪之前著名随笔作家包括法国哲学家笛卡儿、孟德斯鸠和卢梭，法国作家兼活动家伏尔泰，美国作家富兰克林，德国作家兼政治家歌德，等等。

爱默生

进入19世纪后，随笔跨过思想的边界，继续产生快速、深入的影响。美国作家爱默生、惠特曼以及梭罗被公认为这一时期全世界最优秀的随笔作家。

随笔的创作初衷也激励着其他人。爱默生年轻时就开始读蒙田作品并深受感动。他说："我一直记得读蒙田作品时的快乐和奇妙，感觉它就像自己上辈子写的，书中的思想和体验在我看来是那么真切。"

德国哲学家、散文家兼文化评论家尼采深受爱默生影响，他称爱默生为"到本世纪为止思想最丰富的作家"，并赞同爱默生对《蒙田随笔》的评价，坦言蒙田的作品为世人增添了乐趣。

1900年后，现代随笔作家的名单上更是增添了许多耳熟

能详的名字：伍尔夫、普鲁斯特、托尔斯泰、阿西莫夫、纪德、里奇、博尔赫斯、海明威……

随着时代的发展，随笔以简洁的方式明辨是非，分析、批判、评论、思考或反省某事物，逐渐成为社会变革的力量和影响社会的方式。在西方，随笔甚至是衡量学生思考与文字表达能力的"试卷"，精雕细琢的随笔是学生获得名牌大学录取资格的关键。

十种常见的英文随笔风格

论证式： 通过令人信服的逻辑论证来说服读者。

因果式： 向读者解释事情发生的原因和结果。

比照式： 通过两件事，或两个地点、两个人、两个概念或观点，对比其异同。

批判式： 将某个人或某件事放到一个特殊角度，去分析人或事物的强弱、优劣等。

叙述式： 将人们喜欢的、目睹的、感觉到的或促成的事物及其规律，如实地"描述"出来。

定义式： 用专业术语，详述抽象概念的意义和重要性。

定义式随笔对概念的解释比字典更详细。

解释式/研究式：针对某一特殊概念或问题，进行探讨、研究，并根据调查结果做出评价。

叙事式：以第一人称的角度，讲述个人经历。

劝导式：作者选择一个特定角度，列举足够的证据和可靠的资料来证实自己的观点。

步进式：对细节、特定行为及执行说明进行逐一详尽介绍。

关于诗歌的秘密

诗可以使世间最善最美的一切永垂不朽。

——[英国]华兹华斯

诗歌是用永恒的真理表现出来的生活写照。

——[英国]雪莱

诗歌是一团火，在人的灵魂里燃烧。这火燃烧着，发热发光。

——[俄罗斯]托尔斯泰

诗是令人心醉神迷的智慧。

——[黎巴嫩]纪伯伦

其实，诗歌离我们并不远。

孔子说："诗三百，一言以蔽之，曰：'思无邪。'""无邪"就是真情流露、毫不作假的意思。只要真情流露，用简练形象的语言，以比喻、拟人、夸张等手法，把自己的喜怒哀乐通过意象，有韵律、有创意地写出来，这就是诗。

先说说怎么读诗。

古诗讲究韵律。在诗歌发源的时候，诗、歌与乐、舞是合为一体的。诗即歌词，在实际表演中总是配合音乐、舞蹈而歌唱。后来诗、歌、乐、舞各自发展，独立成体，诗慢慢失去了"歌"的功能。但是，古典诗词讲究韵律，如平仄、格律、押韵，唐之绝句，宋之词，元之曲，大部分都可以吟诵吟唱。在现代诗歌里，押韵仍然是达到韵律美的主要手法之一。

诗有诗眼。一句诗或一首诗中最精练传神的一个字、词或句子就是诗眼。在一首诗歌名作中，堪称诗眼的句子往往会一下击中你的内心，让你久久不忘。诗眼能使全篇俱活，抓住"诗眼"，就相当于找到了一把解读诗歌的钥匙。

诗歌讲究"意象"。"意"是内在的心意，"象"是外在的具体事物。将心中之"意"通过现实中的具体事物表达、反映、折射出来，这就是意象。心中的"意"，一定要通过具体的"象"来表达。诗歌的文字或许可以平实朴素一点，韵律感也可以弱一点，但是，只要它有了精彩的意象，一首诗便活了起来。

比如，在中国古典诗歌中，诗人们常用菊花象征淡泊名利的隐士君子，用月（残月、明月、新月、孤月、冰镜、蟾兔、玉盘）传递离愁别恨、寂寞思归之情，用落花（落红、残红）抒发青春易逝、人生无常的喟叹与哀愁。在现代诗歌《乡愁》中，余光中依托"邮票""船票""坟墓""海峡"这些看起来简单的意象，营造出沉重、浑厚、哀伤、苦闷的乡愁情怀氛围。

再来读一读徐志摩的《偶然》。

偶然

◆徐志摩

我是天空里的一片云，
偶尔投影在你的波心——
你不必讶异，

更无须欢喜——

在转瞬间消灭了踪影。

你我相逢在黑夜的海上，

你有你的，我有我的，方向；

你记得也好，

最好你忘掉，

在这交会时互放的光亮！

　　徐志摩的这首《偶然》要表达的意思其实很简单：我们只是偶尔碰到，你记得也好，最好忘掉。但是，一片云投影到波心这个描述，让相遇生动而有诗意。再用黑夜的海上和交会时的光亮这两个意象，来暗喻两人之间发生的一切，这便成了一首诗。至于两人间发生了什么，只有当事人才知道。读者若有共鸣，定是想起了自己的"云影"和"波心"。

　　现代诗歌的意象在传承古典诗歌文化传统的同时追求推陈出新。且看下面这首诗：

洗衣机

◆天 端

洗脑和洗衣差不多

都要经历一场场

晕头转向的运动

　　洗衣机都能入诗，意不意外，惊不惊喜？现代诗歌不能一直穿着传统意象的古装服饰，而要推陈出新。这种推陈出新，是当代诗歌的一个探索方向，甚至是存在与发展之道。

诗歌的灵魂是丰富的想象。比喻是想象的一种。用一种事物来比喻另一种事物像花一样美、像火一样热、像冰一样冷、像水一样柔……

一起来看看诗人徐志摩的一首短诗：

沙扬娜拉——赠日本女郎

◆徐志摩

最是那一低头的温柔，
　　像一朵水莲花不胜凉风的娇羞，
道一声珍重，道一声珍重，
　　那一声珍重里有蜜甜的忧愁——
　　沙扬娜拉！

第二句用"水莲花不胜凉风"来比喻女子的娇羞。正是这句比喻，让整首诗靓丽了起来。倘若删除了这一句，整首诗就成了寡淡无味的白开水。

拟人，是另一种想象。

《青花瓷》里有一句歌词"天青色等烟雨而我在等你"，让人拍案叫绝。如果仅仅是"我等你"，则味淡如白开水。在"我等你"之前铺垫了一个拟人化的"天青色等烟雨"，让

"天青色"像人一样去"等"烟雨，因为烟雨之后才能看到天青。而且，更有意思的是，据说要在烟雨天，才能烧出完美的"天青色"青花瓷。这两个"等"，一虚一实，相映成趣，妙不可言。同一首词中，后面"门外芭蕉惹骤雨，门环惹铜绿，而我路过那江南小镇惹了你"，两个拟人化、虚拟的"惹"，和第三个真实的"惹"字对照，妙趣横生——真是"相看两不厌，只有敬亭山"。

夸张，更是一种天马行空的想象。对事物的某些方面着意夸大或缩小，做艺术上的渲染，比如李白的"白发三千丈"。

相 框

◆天 端

> 有些悬棺，是一直开着的
> 殓着逝去的岁月

诗人把相框比喻成悬棺，真是石破天惊、闻所未闻，却又合情合理。

诗歌胜在语言的凝练。有时是一个片段、一个画面、一时感触，诗歌并不需要交代诗中人物和感情的来龙去脉，也不需要做周密的逻辑推理；只须在片言只语和欲说还休之间，恰到好处地留白，言简意赅，给读者留下一些空间和想象。

怎样做到精简凝练？要舍得对自己的诗"下狠手"删减。"千山鸟飞绝，万径人踪灭。孤舟蓑笠翁，独钓寒江雪。"柳宗元的《江雪》是一首五绝，只有 20 个字，但蕴含了极其空阔寂寥的天地。一千多年后的今天读来，仍然孤绝冷峭。在文字的锤炼方面，我们应该多向古人学习。

垃圾桶

◆天　端

如果我把不需要的东西
收在心里

读这首《垃圾桶》，以"如果"开始的两行诗，初看并不是完整的句子，只有"如果"的假设，而没有假设之后的"结果"。等回头再看诗题，原来"结果"扣在诗题上。如果换一种写法：如果我把不需要的东西收在心里，就是垃圾桶。那就不是诗了。把一个比喻的喻体和本体分开，分别放在标

题和诗中，新意和诗意就出来了。

诗歌是一种高傲的文字，它卓然而立，拒绝平庸。好的诗歌，总有其有别于他人的出奇之处。好比一个会穿衣服的人，不喜欢和人撞衫，有时一枚胸针，有时一条丝巾，有时一顶遮阳帽，便出奇制胜，卓尔不群，让人眼前一亮。

你看，诗歌离我们并不远，写诗也并非难事。你可以写窗外的风景、虫鸟花卉；也可以写些赢球时的快乐，输球时的不开心；还可以写发生在小伙伴间的趣事……只要真情流露，用简练形象的语言，用比喻、拟人、夸张等手法，把自己的喜怒哀乐通过意象，有韵律地、有创意地写出来，这就是诗。这样的诗歌，你是不是也能写？

"熟读唐诗三百首，不会作诗也会吟。"诗歌创作，你可以先试着从多阅读诗歌作品和模仿开始。再有，你也可以读一读诗人树才的《给孩子的12堂诗歌课》、周其星主编的《彩色的诗歌教室》，这两本书都是为少年读者"量身定做"的。

最后，还想告诉你一个秘密：在很多大诗人的眼里，儿童才是天生的诗人。快拿起笔，让你的天赋流淌笔端吧！

说说语文之外的学科写作

　　一提写作，似乎就是语文学科的事儿，其实不然。各学科学习中都有写作，我们称之为"学科写作"。

　　什么是学科写作呢？围绕学科知识或学科问题，把自己的学习收获、反思和分析写成文章，这就是学科写作。显然，这已经远超语文学科的范围，而且涉及了所有科目。比如，数学、物理课程范围内针对某个概念的理解，历史课程范围内对某个历史事件或某个历史人物的评价分析，等等。这类写作不仅仅是一种写作练习，更是一种学习工具。通过评论一个人物或事件，可以更好地理解一段历史或一个重大事件的影响；通过讲述一个科学理论的产生和用途，可以把枯燥的公式变成灵活可用的知识，从死记硬背变成真正的理解。

为了帮助少年朋友们更好地理解什么是学科写作，这里举两个更为具体的例子。

先看看小学阶段科学课程中的写作。

教育部颁布的《义务教育科学课程标准（2022 年版）》指出，科学课程要培养的学生核心素养主要是指"学生在学习科学课程的过程中，逐步形成的适应个人终身发展和社会发展所需要的正确价值观、必备品格和关键能力"，"包括科学观念、科学思维、探究实践、态度责任等方面"。

我们一起来看看"探究实践"在五、六年级的目标要求：

能基于所学知识，从事物的结构、功能、变化及相互关系等角度提出可探究的科学问题和研究假设，制订比较完整的探究计划，设计控制变量的实验方案。初步具有从事物的结构、功能、变化及相互关系等角度，提出问题和制订比较完整的探究计划的能力。

能运用观察、实验、查阅资料、实地调查、案例分析等方式获取信息，用科学语言、概念图、统计图表等记录整理信息，表述探究结果，并运用分析、比较、推理、概括等方法得出科学探究的结论，判断结论与假设是否一致。初步具有获取信息、运用科学方法描述和处理信息并得出结论的能力。

采用不同方式（如小论文、调查报告等）呈现探究的过程与结果，尝试运用科学原理进行解释，对探究活动进行过程性反思和总结性评价，完善探究报告。初步具有交流探究过程和结果，并进行评价、反思、改进的能力。

在这部分文字中，"制订探究计划""设计实验方案""用科学语言、概念图、统计图表等记录整理信息、表述探究结果""得出科学探究的结论"，要能写小论文、调查报告、探究报告，这些都属于学科写作。

再比如历史学科。《义务教育历史课程标准（2022年版）》要求，初中阶段在学习中国现代史的过程中，要通过下列活动提升核心素养：

开展社会调查。通过实地考察和访谈，获取多方面信息，深入了解改革开放以来人民生活和社会的变化，形成调查报告，进行交流。

搜集、整理英雄事迹和劳动模范的史料，为社会主义建设英模立传，叙述他们的嘉言懿行和精神风貌。在此基础上，举办英模事迹展览、报告会等活动。

开展口述史的学习活动。通过对家庭中的长辈进行访谈，搜集家庭的老照片和老物件，查阅相关的历史记载，形成口述史的材料集。在此基础上，选择一个主题，撰写口述史文章。

进行有关中国现代史的数据检索和统计。通过互联网、图书馆、博物馆等，搜集与国计民生有关的统计数据，如中华人民共和国成立以来国内生产总值、国家财政收入、国家外汇储备、进出口总额、城乡居民储蓄等方面的统计数据，绘制成统计表，运用统计表中的数据说明现代中国社会发展的情况。

搜集、整理有关抗美援朝精神、铁人精神、雷锋精神、"两弹一星"精神、改革开放精神、抗疫精神、脱贫攻坚精神，以及杂交水稻、载人航天等方面的图文材料，以制作展板，设计墙报，举行讨论会、报告会等多种方式，宣传并交流。

进行专题研究。选定研究的主题，如"新中国外交事业的发展""中华民族大团结和铸牢中华民族共同体意识""军队建设与国防力量的增强""社会主义文化事业的繁荣""大国重器""从基础建设看国家的现代化发展"等，通过搜集、整理相关的图文、影视材料，撰写研究报告，举办专题论坛，交流研究成果。

开展项目学习，特别是围绕党史、新中国史、改革开放史、社会主义发展史中的重要内容，如"社会主义革命和建设的伟大历史成就""中国综合国力增强的具体表现""中国的国际影响力不断提高""中国特色社会主义进入新时代以来的新发展"等，尝试搜集身边的直接而鲜活的资料，形成项目学习的研究报告或小论文，举办项目学习成果研讨会、报告会。

制作统计表，设计展板和墙报，撰写调查报告、口述史文章、研究报告、小论文……在《义务教育历史课程标准（2022年版）》中单是中国现代史的学习，就列出了这么多种类型的写作。

可以说，学科写作广泛存在于从小学到高中乃至大学的不同学段、各个学科的学习中。

在许多国家，学科写作被认为是中小学基础教育中最重要的练习之一。以法国为例，法国中学阶段学科写作的基本要求是：学生能够清晰地陈述与主题相关的背景情况，通过论据和数据说明对该主题的认识。学科写作的要求体现在法国高中毕业会考中，比如学生要完成这类小论文："爱是恶习还是美德？""人能掌控技术演变吗？""工作是否能使人自我发现？"

　　学科写作之所以在全球范围内得到重视，是因为长时间的学科写作训练，能帮助学生系统地积累科学研究的理论和方法，熟悉学术语言的表达，逐步加深学术研究的理解力，提高收集资料和检索文献的能力，为后续的学术写作奠定基础。

　　提高学科写作能力的办法有很多，比如课后把你的笔记归整成文章，或者把自己在学习中遇到的难点及解决疑难找到答案的过程写成文章。你也可以记录学习中的感受和思考，或者针对课程中讲到的某种观点来设想一次辩论并以文章的形式写出来。这些都属于学科写作的实践。

　　说到我们并不熟悉的学科写作，大家千万不要望而却步。每一次学科写作的练习都是你提升能力的机会，每一篇作品都是你学习、思考和创作的成果。做好准备了吗？让我们快快行动起来吧。

学科小论文写作，有哪几个步骤？

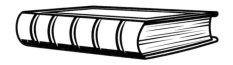 了解了什么是学科
写作，接下来我们就来聊聊怎
样才能完成一篇像样的学科小论文。尽管不同学科的写作所
运用的学科知识不同，但在论文的写法上还是有一定的共性
可言。

现在，假设你需要完成一篇学科写作的小论文——

接到题目后你也许很兴奋，觉得有很多灵感和想法。这
当然很好，但你可不要急于求成，学科写作不是短跑，它更
像野外寻宝，步骤非常重要。即使你觉得题目对你没有什么
特别的启发，也不要着急，先静心想想该如何入手。

具体来说，任何一个题目，即使只是短短的几个词，都
必然涉及一个议题或一个问题，都需要你的思考。当你拿到
题目的时候，从哪里着手？又有哪些重要步骤？

第一步：明确定义主题概念。

评估一篇学科写作小论文的主要标准是作者（学生）分析理解一个问题的能力。所以首先要思考这个论文题目是在谈论一个什么问题，确保自己正确地理解了题目。

为了正确理解命题、避免偏题，你必须先确定题目中的关键词，然后围绕关键词把自己的想法和了解的知识（信息）列个表，作为基本"蓝图"。表中列出你的若干想法及彼此之间的关联，以及从一个想法或信息到另一个想法或信息的途径。

接下来就需要查相关资料和做笔记了。

互联网是一个很好的搜集信息资料的途径。不过，去图书馆，向图书管理员咨询也是有效的办法。通过这些途径和方法，你能获取许多有用的资料。你阅读的资料越多，文章的论据就越有说服力。这就好像吃饭，查资料的过程就是你在"喂养"你的文章的过程。

学科写作要有理有据，所以做笔记是查阅搜集资料过程中一个重要的环节：哪位作者？哪本书？哪一页……当你在文章中引用一本书里的话，假如没有标出来自哪里，那你就有抄袭的嫌疑，切记不要因自己的粗心大意犯下这样低级的错误。参阅类似论文的文章有不少好处，可以帮你学习别人的文章架构和逻辑。不过，千万别落入复制别人文章的陷阱，

写作步骤

- 提出问题：明确主题概念，跟哪些学科相关
- 明确观点：列出自己的想法和了解的知识
- 寻找论据：查找相关资料，寻找论据或观点
- 拟定大纲：选出主要观点，明确中心议题，构筑文章框架
- 理论论证：支持论点、反对论点、其他因素
- 结论和讨论：总结观点，简述结论如何被推论出来，提出思考方向和展望

跨学科写作

选择写作模式

- 确定作者的角色，是记者、研究者还是当事人等
- 文章是写给谁的
- 采用什么体裁来写，是新闻报道、演讲词还是广告词等
- 主题和关键词，是说服、呼吁还是知识传播等
- 是否获得同行评审

怎么寻找主题

- 这个问题的解答是可用事实、数据等检验的
- 这个问题的解答对于同行或他人有参考价值
- 这个问题是读者关心的
- 这个问题的解答能推动社会进步
- 这个问题在自己的能力范围内有解答的可能性

写作目的

- 学科学习
- 对价值观、大问题的理解
- 综合能力
- 熟悉研究和写作过程
- 团队合作技巧
- 完成写作任务

一些跨学科写作思路的思维导图

而是要从自己的角度分析和制订提纲。

你要注意的是：所有论点都值得考虑，不要看到违背自己想法的论点就一概排除。一篇好的文章在准备和写作过程中有可能出现这样的情况：在分析推论过程中，你原来并不认可的想法或观点有了有力的论据支持，结果它使你不得不对最初的观点做出调整，甚至完全改变了想法。

到这里，相信你已经有了不少资料和笔记，可以开始考虑写提纲了。假如把写一篇文章比喻成建一所房子，那么你得先从打地基、建墙和搭屋顶框架开始，然后才能封顶装门窗。收集论据、资料的过程好比打地基，制订提纲就是搭建屋顶框架。

第二步：明确陈述主题和制订提纲。

围绕一个题目，你也许有很多想法或听到了不同的观点，你需要从中选择一两个你认为最重要的来分析它们之间的关系，比较不同的想法或观点，看每个观点或想法各有哪些论据支撑。接下来，你就可以明确陈述文章的中心议题。

中心议题就好像是一篇文章的"脊柱"。对中心议题的陈述非常重要，它体现了你对文章的定位以及你将带领读者去往的方向。如果对中心议题的陈述含糊不清，往往反映出你对题目的理解有一定的问题。同时，中心议题的提出也为你的全文定下了基调。这一陈述不需要太长，在文章的下一部分你会通过论据对主题做出分析和评论，而这里你陈述的是要探讨的问题。

当你确定了你的文章将探讨的问题之后，可以开始定提纲了。对于你所选择的观点，你可以先用一句话概述，还可以简单列出主要论据，通常需要列举三个论据。提纲可以分成三部分：支持论点、反对论点、其他因素。

比如，"工作是否能使人自我发现?"这个题目：

支持论点：工作令人发现自我。

反对论点：工作只是一种获取财富的手段。

其他因素：工作是社会融合的一部分。

除了正反两方面的论点，其他因素的作用是在正反论点的对比中开启新的思路。提纲写好后，别忘了考虑不同部分之间的平衡。假如支持论点部分有三个论据，反对论点部分有五个论据，那么，你就得在五个论据中选出最有力的三个，最好是能够和支持论点部分的三个论据有所对应。

你在选择论据时不要以自己的感觉为基础，只有逻辑清晰的论据才最有说服力。比如：当你评论某个人的观点时，如果你说"我认为这位作者有……的倾向"，那仅仅是你的主

观看法。但是如果你说"这位作者提出……这体现出……"这样的评论就不是凭空而来的了。

提纲是文章思路的简短概述，上面提到的支持论点——反对论点——综述这种三段式提纲被称为辩证法形式的提纲。

另一种比较常见的提纲是分析法形式的提纲，也分三部分：对当前事实的描述——原因分析——对未来的展望。

第三步：写作。

明确了提纲，你就可以动手写了。这里有几个方面必须注意：

📘 标题

正如其他报告一样，科学论文需要一个标题来概括研究的精髓。这个标题必须简练、清晰，能概括研究的主要目的与发现。

例如，不能把标题简单定为"光线对植物生长的影响"，而应该详细描述植物的种类、实验的具体变量以及主要发现。如增加植物的日照时间是否能加快植物的生长速度？

尽管标题是读者首先看到的论文内容，但在有的论文作者看来，在完成整篇论文后再拟定标题更为妥当。先拟定一个大致的题目，然后根据研究内容对自己提问。例如：研究的主要目的是什么？最相关的研究发现有哪些？使用了什么重要或特别的研究方法？在回答这些问题时，将答案中的关键词提取出来，这样做有助于重新审视或拟定题目。

📖 摘要

建议你在完成论文的主体内容后再撰写摘要部分。摘要是对论文从研究的原因到结论的简短而重要的总结。摘要通常分为三个部分：第一部分介绍选题的背景；第二部分说一下文章研究的主要内容，分析了哪些问题；最后一部分简要概括此项研究推动了哪些发展。

摘要就像是电影的预告片。当人们查阅论文时，阅读的第一部分常常是文章的标题和摘要。因此，不仅要专注于论文的主体部分，摘要部分同样需要认真撰写。

📖 引言

一篇好的文章开篇很重要，除了流畅清晰，还要能吸引读者，让读者愿意读下去。如果你写的是学校的作业，你的老师当然得从头读到尾；可如果你写的文章是重要的申请材料，开篇刻板乏味或表达不清晰，那评委也许根本就没有耐心读完。

📖 结论

结论部分是为了对文中提出的观点做总结，让文章有头有尾；结论部分也可以对正文的观点做进一步延伸，提出其他一些有意义的思考方向和展望。你在正文中所做的对论点论据的陈述或分析，目的是引导读者得出合乎逻辑的结论，在结论部分再次对全文的核心思想做概述，可以加深读者的印象。不过，为了避免给人重复的感觉，对核心思想的概述要使用不同的句子，尤其要强调核心思想是如何被推论出的。

好的文章结尾是给读者留下良好印象和深刻记忆的最后一步，就好像体操比赛，运动员完美地进行了一系列高难度动作后，如果最后落地不稳，给观众的整体印象会大打折扣。

别忘了，论文撰写还有第四步：修正。这一步非常重要，可一点儿也不能松懈。你是否强调了调查研究的原因并辅以充分的文献支持？是否在适当的地方对图表进行了数据分析？是否清楚地区分了实验组和对照组？是否对研究结果提供了言简意赅的分析？是否对研究结果做出了积极展望？标题是否已经足够简洁？文章中有无错别字和病句？格式是否正确？论文作者通常会通过自问这些问题，发现问题，及时修改。

完成以上四步，一篇学科小论文才算真正完成。

文史类领域内的学科写作常以论点主导式为主。这个方式最大的好处是：在综述你所学到的知识（如历史事件）的同时，还加强了分析思考的能力和批判性思维能力的训练。

比如，历史学科要求学生"能够将事件、人物、现象等置于历史发展的特定或总体进程及具体的地理空间中加以考察，并从历史发展的角度认识其地位和作用"。

在这个要求之下，老师要求你写一篇评价历史人物曹操的小论文，你会怎么做？

通过资料搜集你会发现，在中国历史上，曹操是个争议颇大的人物。在戏曲舞台上的曹操始终扮演白脸奸相；小说演义里，他一直背着"国贼"的骂名。可是，有的历史学家却说他是"非常之人，超世之杰"（陈寿）、"民族英雄"（郭沫若）、"封建统治阶级中有数的杰出人物"（翦伯赞）。

围绕这些资料以及对历史人物评价的要求，值得探讨的问题有很多，比如，历史人物对历史发展、社会进步，到底起着什么样的作用？如何做到以历史的真实面目，相对客观、公正地评价历史人物？是时势造英雄，还是英雄造时势？"忠""奸""善""恶"，是普遍观念下的人所共识，还是某一历史观下的一面之词？评价历史人物，是给予理解之同情，还是给予"流芳百世""遗臭万年"之类的标签……对这些问题的探讨，不仅需要历史学科的知识与观念做支撑，还需要有批判性思维能力。

学科写作当然不局限于文史类领域，理工类科目的学习也能从学科写作中获得收益。比如你在物理课上学习了阿基米德定律，它告诉你处于静止流体里的物体受到垂直上升的浮力作用，力的大小等于排开的流体的质量。现在老师让你写一篇关于这个定律的短文，你该怎么办？

你可以设想：从阿基米德帮国王验证皇冠的含金量的故事开始，自然地引出浮力原理的发现和含义；还可以联想童年时在湖边玩纸船的经历，那时候你观察到石头很快沉入水中，而纸船却可以漂浮很长时间；接着你就可以引入某一个真实的科学实验，包括实验过程和得到的数据，由你来验证阿基米德定律；最后你可以通过互联网搜索，了解这个定律的实际应用并在文章里给出一定篇幅的介绍。

事实上，每一次学科写作，都有可能是一个研究、学习、改变自己观念的过程。如果由你自己做实验，或者搜集原始数据并自己整理归纳，那么这个过程就会很生动、复杂、充满变数，而文章的结论就是这个过程进行到最后得出的结论，这不是一开始就能够拟定的。

学科写作可以帮你加深对学科知识的理解，把想象力、思维和知识联系起来，同时也锻炼了你的说明和表达能力。

有几个要点你要牢记：

1. 你要谈什么问题？

2. 你站在什么角度谈或者你作为作者在扮演一个什么角色？

3. 你的读者是谁？这将决定你的讲解方式。

必须尽早知晓的
科技伦理、学术道德与规范

　　亲爱的少年朋友，如果你立志在不远的将来从事科技创新或学术研究工作，那就应当从现在起，对科技伦理、学术道德与规范先有个初步的了解。

　　科技伦理是指科技创新活动中人与社会、人与自然和人与人关系的思想与行为准则，它规定了科技工作者及其共同体应恪守的价值观念、社会责任和行为规范。

　　有相当多的科幻小说和影视作品都涉及科技伦理问题。比如在科幻电影《侏罗纪公园》中，科学家们通过复制恐龙的基因并克隆这些史前生物，重新创造了一个恐龙世界。电影中这一技术的突破引发了人们关于科技伦理问题的争议：人类是否有权改变自然秩序，决定生命的存在和消失？

　　再比如，关于"人"究竟是意识主体还是肉身主体，在哲学认识中一直是备受争论的伦理话题。在《流浪地球2》

中，就有关于这一话题的探讨。影片一开始就简要介绍了什么是"数字生命计划"，片中研究量子计算机的科学家图恒宇和马兆，分别代表着两种不同的思维认知。电影在对"数字生命计划"相关情节的推进中，不断反思，提出了人的未来生存是寄托于机器意识还是身体感知的伦理之问。

科技伦理的问题不仅存在于科幻电影中，更存在于现实生活中。比如，近年来出现的网络平台大数据"杀熟"现象、外卖骑手被困于平台系统算法歧视、基因编辑婴儿案等事件表明，基因编辑技术、3D打印、人工智能、大数据、纳米技术等新兴科技在为人类社会带来便利的同时，也可能带来巨大风险和挑战。每每暴露出问题时，人们就会追问：如何才能守住科技伦理底线？

爱因斯坦曾坦言："科学是一种强有力的工具，怎样用它，究竟是给人带来幸福还是带来灾难，全取决于人自己，而不取决于工具。"2022年3月，中共中央办公厅、国务院办公厅印发了《关于加强科技伦理治理的意见》。这份文件中提出的增进人类福祉、尊重生命权利、坚持公平公正、合理控制风险、保持公开透明，是每一位科技从业者都必须恪守的科技伦理原则。

科技伦理主要应用于科技领域，目的是确保科技的发展不会出现方向性错误，不会对社会和环境造成负面影响。而在学术研究和学术出版过程中，还有必须遵守的学术道德与学术规范。学术道德中最为重要的一点就是要讲求学术诚信，也就是要用诚实、公正、负责任的精神对待学术成果和他人知识产权，因为不论是人文社会科学还是自然科学，总是在前人的基础上一点点取得进步的。

具体来说，我们在确定研究课题前，应广泛阅读相关文献，了解现有成果。在进行课题研究时，要有严谨的治学态度，对待每一个问题都要认真分析，不抱有侥幸心理。对于不确定的问题，要勇于质疑，不盲目接受。在撰写论文时，应当遵循学术道德准则，如不抄袭、不剽窃、不造假等。在参与学术交流活动时，要学会倾听他人的意见和建议，不断

改进自己的研究。正所谓"吾日三省吾身"，我们应定期对自己的学术行为进行反省，发现自己的不足之处并努力改进，不断提高自己的学术水平和道德素养。

在学术规范方面，特别值得我们重视的有两点：

第一点，在开展科研工作和撰写学术论文时，了解一手资料与二手资料之间的区别非常重要。

在学校，老师常布置作业，会要求少年朋友们通过网络平台检索信息。但不少网络平台上的资料都是未经验证真实性的资料，不能作为学术研究的可靠资料来源。

那什么是一手资料和二手资料呢？

一手资料是关于某个事件或现象的原始的、第一手的资料。比如物理学科经过研究发表的统计数据和原创性论文；历史学科研究中搜集到的官方发布信件、日记、照片、音频、视频以及文物等。而二手资料是一手资料之外有清晰的出处和论

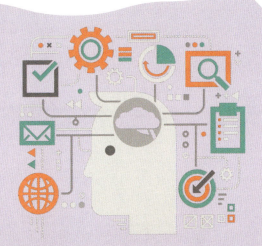

据的其他资料。例如分析或解释一手文献的书籍或文章，关于历史人物的传记或阐释事件背景信息的作品，持中立态度的第三方调查报告等。一手资料和二手资料在论文中发挥的作用不同，但都很重要。前者通常被认为是最可靠的信息来源，而后者则提供对一手文献的诠释、分析或评论。不论是一手资料还是二手资料，使用时都需要仔细评估其真实可靠性。

第二点，在论文中如果需要引用他人的成果，或者需要引用先前的文献作为论文的支撑，必须尊重原作者的知识产权，并注明出处，将参考文献逐一列在论文结尾处的附录中。

引用和参考文献有许多种格式。在我国,《学术论文编写规则》（GB/T 7713.2-2022）已于2023年7月1日起实施。该标准描述了撰写和编排学术论文的基本要求和格式规范，适用范围包括一切反映自然、社会和人文等科学体系的学术论文。

少年朋友们不妨在学科写作过程中主动训练自己，参照论文编写规则，试着撰写一篇小论文吧。

03

超越篇

让大脑"亮"起来

当你写作时，你的脑子在干什么？

写作，是人类故事中的一部分。数千年来，人类利用写作的力量来传递信息、留存记录、交流沟通以及启迪思想。实际上，正是人类大脑所具备的传播复杂符号、创造有意义的语言的能力，将我们与其他物种区分开来。然而，你是否想过这样一个问题：当你写作时，你的大脑内部究竟在怎样运行？这也正是科学家一直在研究的关键问题，它非常有趣。

大脑中的语言高速路

回到 19 世纪 60 年代，法国医师保罗·布洛卡对一位失语病人的大脑进行了分析，发现其不能说话，但可以理解语言。通过对病人生前和去世后的大脑进行分析，布洛卡发现了大脑中一块负责语言功能的特别区域，这块区域现在也被称为**布洛卡区**。

大约 10 年后，德国医师卡尔·韦尼克遇到了一个相似的案例，不过他的病人能说话但不能理解语言。韦尼克检查了这位病人的大脑，发现大脑中有块特定区域受到了严重损伤。后续的研究发现，这块区域负责口语语言和写作语言。它现在被称为**韦尼克区**。

布洛卡区和韦尼克区都在大脑的同侧——通常是在左侧。布洛卡区被发现位于大脑颞叶的下部或前部。它通过一束名为弓状束的神经纤维与韦尼克区相连。这些神经束形成了一条语言路径，帮助处理和理解语言（对口头语言和写作语言也是如此）。

无论是论文、小说还是诗歌，在所有写作的过程中，这些区域都在"燃烧"着。

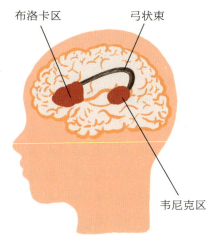

布洛卡区和韦尼克区都在大脑的同侧，并通过弓状束相连。它们负责处理和理解语言。

写作时的大脑活动

德国格赖夫斯瓦尔德大学的神经学家马丁·洛策教授试图弄明白人在写作时大脑里究竟发生了什么。在写作的过程中，是否存在特定的神经活动呢？

洛策和他的团队决定使用功能性磁共振成像仪器来查明这个问题。他们扫描了 28 名志愿者的大脑以事先了解其基线脑活动。然后，研究者让志愿者进行两个特定的写作活动，并用大脑检测仪器对其进行监测。

第一项活动：逐字抄写节选文章。

第二项活动：进行一分钟的"头脑风暴"，无限制地自由联想和讨论，从而产生新观念或激发新创意，然后用两分钟写一个小故事或一篇文章。

脑部扫描显示，第二项活动中志愿者的大脑比仅进行第一项文本复写活动时更加活跃。

在"头脑风暴"的环节中，洛策教授注意到枕叶（大脑中负责处理视觉的部分）变得更加活跃，这表明志愿者可能在大脑中描绘着他们正在写作时的场景。在两分钟的写作时间中，海马体（大脑中负责记忆的部分）和大脑的前部变得非常活跃。海马体与检索实例有关，对于大脑同时保有数个信息至关重要。

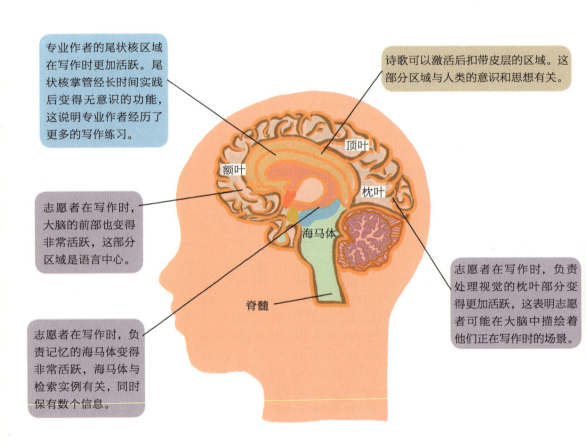

专业作者的尾状核区域在写作时更加活跃。尾状核掌管经长时间实践后变得无意识的功能，这说明专业作者经历了更多的写作练习。

诗歌可以激活后扣带皮层的区域。这部分区域与人类的意识和思想有关。

顶叶

额叶

枕叶

海马体

志愿者在写作时，大脑的前部也变得非常活跃，这部分区域是语言中心。

脊髓

志愿者在写作时，负责处理视觉的枕叶部分变得更加活跃，这表明志愿者可能在大脑中描绘着他们正在写作时的场景。

志愿者在写作时，负责记忆的海马体变得非常活跃，海马体与检索实例有关，同时保有数个信息。

因此，洛策总结出，这些活跃的大脑区域可能是在搜集能够加入写作内容中的实例，并将相关的信息分类。

然而，随着研究的深入，洛策在他的研究中发现了至关重要却容易被忽略的一点——志愿者（研究对象）此前从未有过进行创造性写作的经验。那么，专业写作者的大脑会有不同的反应吗？

专业写作者的大脑

为了找到答案，洛策把他的研究转到了德国希尔德斯海姆大学，在那里开设了一个颇具声名的写作项目。他们招募了 20 名专业写作者，而不是像第一个实验中的新手。结果，他们的发现引人关注。

专业写作者的大脑实际上与业余者的不同。他们运用的是大脑中一个名为尾状核的部分。尾状核掌管经长时间实践后变得无意识的功能，如学习系鞋带。首先大脑必须记住系鞋带的方法和次序，经过练习，动作很快变得无意识。就像学钢琴和打乒乓球，学习它然后不断练习，直到你不再有意识地去思考就能做出正确的行动。

这一实验揭示了我们大脑中的那些秘密：

首先，专业写作者往往做了更多的练习，因此"锻炼"了他们的尾状核。

其次，他们利用了不同的策略来从业余者晋级为专家。

洛策教授表示，研究显示两组人使用了不同的策略。新手可能像看电影一样在脑海中观看他们的故事，而专业写作者能够用内在的声音叙述故事。

人类的大脑由数百亿个神经元组成，是人体最复杂、最神秘的器官。神经科学家们一直在努力破解当中的奥秘，上述发现仅是一部分极其微小的进展。

动笔写点什么，让大脑"亮"一下

大脑对诗歌与散文的反应

英国埃克塞特大学的认知神经学家亚当·泽曼教授是一位调查人类大脑如何进行创造的专家。他探讨的是创作诗歌时大脑的反应。

和洛策一样，泽曼再次使用了功能性磁共振成像仪器来查明这个问题，他还发现大脑"阅读网络"（即受到任何一种写作材料刺激的代表性神经区域）内的活动。然而，泽曼发现，真正让人吃惊的是，除了"阅读网络"

区域被激活，大脑中的其他区域在功能性磁共振成像仪器的扫描下也会"亮"起来，作为对"更激情的写作"的响应。

"阅读网络"的大部分活动存在于大脑的左侧，不过对"更激情的写作"产生的响应主要"点亮"大脑右侧的其他区域。这一区域此前一直被认为与大脑对优美音乐产生情感反应有关。诗歌似乎有着同样的效果。是的，大脑如果听到交响乐就会有所反应。

泽曼说："诗歌同样被发现能激活大脑中与自省有关的部分——更确切地说，是大脑中名为后扣带皮层的区域。"

大脑的后扣带皮层与人类的意识和思想有关。换言之，人的大脑以深层且个性化的方式对诗歌做出反应，帮助人们理解人生经验以及人与自身的关系。

读同一首诗，你在此时和彼时的感受可能完全不同。

分享故事体验时的大脑

写作也可以对读者的大脑施加有力的影响。它具有在听众的大脑中"植入"情感、思想和观点的力量。

普林斯顿大学的一项研究显示，讲故事的人的大脑与听故事的人的大脑确实可以同步，他们称之为"叙述者—听者神经耦合"。

然而，当以听众听不懂的语言或不能理解的方式（在这个案例中是俄罗斯语）讲故事时，大脑模式就不同步了。

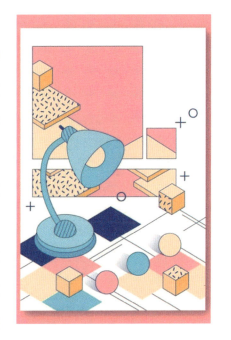

这个发现不仅适用于讲故事，也适用于其他各类语言表达。

法国语言动力学实验室的认知科学家维罗妮卡·伯兰杰让志愿者阅读一些句子，如"约翰抓住了物品""帕布洛踢了一脚球"。在他们阅读的同时，维罗妮卡扫描了他们的大脑。

扫描发现了大脑中运动皮质（负责调节咱们身体活动的部分）内进行的活动。有趣的是，当所描述的活动是"移动一条胳膊"时，一部分的运动皮质"亮"了起来，而当活动关系换到腿时，运动皮质中的另一个地方开始"亮"了。

因此，当着迷于一本书、一部电影时，大脑的活动让我们感觉自己好像真的在经历里面的故事似的。

另外，如果我们读到特定的细节，如某人"绸缎般的黑发闪闪发亮，闻上去如绽开的樱花"，此时我们的大脑感应区域就会亮起来。

是的，尽管听上去很奇怪——大脑对输入的信息做出了反应和反射，让你仿佛正亲身经历和感受着这些。

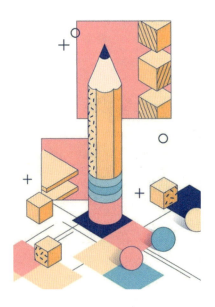

这就是为什么比起列举实例，调动情绪的故事往往更有助于人们回想信息——大脑会对描述性的语言及其在情感上产生的影响做出反应，而实例通常达不到这样的刺激效果。

这也适用于非虚构类写作。使用那些能调动所有感官（视觉、嗅觉、触觉、听觉、感觉）的词语，有助于为读者创造印象深刻的画面，并使他们沉浸在你写出的文字所带来的体验中。

大脑对暗喻和陈词滥调的反应

是的，人的大脑会对生动的描述做出反应，但有一种情况例外。科学家发现，大脑不会对过度描述、陈词滥调和暗喻做出反应。因此，除非你的目的是让别人无聊，否则不要在你的写作中过度描写那些老掉牙的东西。

很明显，大脑对过度使用的感官性语言反应迟钝，这类似于长期使用某种药物，身体会产生抗药性。陈旧俗套的词语在大脑中不会引起相同的反应（这或许能解释为什么人们常常对父母苦口婆心的劝告充耳不闻）。

西班牙研究人员在《神经影像学》杂志上发表的研究结果显示，人的大脑会对不同风格的文字产生反应。他们发现，大脑对于像"难熬的一天"和"打破常规"这类常见的词语太过熟悉，以至于只初读了字面意义，却没能受到任何情感上的影响。

这些常用词语原本能引起大脑产生感官上的回应，但经过反复使用，它们失去了那种魔力，无法引起读者的兴趣。

因此，下一次你如果想要某人"打破常规"时，或许你该这么说："扔掉条条框框，天马行空地去创造吧。"

你要试着用充满热情和活力的鲜活的词语，好让你的读者能留意到你的文章，并与之产生联系。鲜活的词语能让他们的脑细胞像小鞭炮一样"炸开"。

有关写作的有趣事实，还有你不知道的！

常规来看，一本书里有的生词比黄金时段的电视节目多

50%。所以要获得更加丰富的词语，就不要再"刷"剧了，选本书看吧。

很多人在试用新笔时会写自己的名字。我就是这样的，你呢？

"好记性不如烂笔头"，这句老话竟然真的有科学依据。把东西写下来能让你记得更清楚。当你用纸和笔把事情写下来时，你刺激了大脑底部名为网状活化系统（RAS）的细胞集合体。RAS是所有信息的过滤器，它能使你把注意力分配给你正专注的事情。因此，写作这个身体动作将信息带到脑前部，使你的大脑能够密切注意它。

写作就像冥想。根据印第安纳大学的一项研究，仅仅是写作这个行为就能彻底地激发创造力。他们的大脑扫描显示，用手写作增加了大脑中特定区域的神经活动，就像冥想一样。

写作也能让头脑清晰并富有创造力。

所有研究都同意一点——在简单的写作过程中，你的大脑得到了"锻炼"，增强了创造力和记忆力。

所以，通过阅读这篇文章，你得到了什么启示呢？是时候动笔写点什么了！

科普作家的成长指南

教育部发布的《中小学生阅读指导目录（2020 年版）》推荐了当代中国作家张辰亮的原创科普作品《海错图笔记》。《海错图》原著成书于清康熙年间，是浙江人聂璜绘制的一部海洋生物图谱。

海错的"错"，是种类繁多错杂的意思。聂璜把他在中国沿海亲眼所见、亲耳所闻的 300 多种海洋生物画进了这部图谱，几乎涵盖无脊椎动物和脊椎动物的大部分主要类群。书中还记载了很多滨海植物、奇闻逸事和风土人情，可谓亦真亦假，妙趣横生。科普作家张辰亮从 2014 年开始，循着原作中图文的蛛丝马迹，一步步推理分析，辨别真伪，试着对画中生物进行鉴定。他花了 9 年多的时间，破译了 241 幅故宫古图，撰写了 95 篇笔记，共出版了四册《海错图笔记》。

科普作家张辰亮就是个典型的"斜杠青年"。把他的头衔一一罗列出来，用斜杠加以区分，可以这样表示：

中国农业大学昆虫学硕士/《博物》杂志副主编/《中国国家地理》融媒体中心主任 / 前微博@博物杂志运营者 / 中国科普作家协会生态专委会委员 / 北京市科学技术普及创作协会第八届理事 / 2017 中国科协十大科学传播人物 / 拥有微博 2 000 多万粉丝超级博主"无穷小亮"。

读到这里，你是否会好生羡慕，是否会想：这么精彩有趣的人生，我也想拥有。可是怎样才能成长为这样的"斜杠青年"呢？

"热爱可抵岁月漫长。"用这句话来形容张辰亮再合适不过了。张辰亮热爱大自然，从小就对昆虫情有独钟，长大后更是专注于研究动物、植物和中国历史文化。相比于搞科研，他更热爱科普，愿意把自己觉得有趣的事情分享给更多人。用他自己的话说："我有一个爱好，我喜欢把我知道的东西告诉别人。我知道这个东西了我高兴一回，我告诉你了你也高兴一回，因为你也知道了；而多了一个人知道，而且是通过我知道的，我又高兴一回。"

对待科普创作，张辰亮有自己的原则：一是考证要一丝不苟；二是自己笔下介绍的每一样事物，最好是亲眼所见或亲身经历的。所以，他每写一种生物，都会进行大量的文献考证和分析，不断提问，不断查证。考证在《海错图》中被称为"人鱼"的生物时，短短一千字的章节，他就翻阅了《山海经》《正字通》《博物志》《职方外纪》《徂异记》五种历史文献。为了找寻答案，他不仅查阅文献，了解海洋生物领域的专家研究成果，还沿着《海错图》中生物的足迹进行实地考证。在张辰亮看来，考证的过程就像在破案一样。这也正是科普的价值——不在结果，重要的是用科学思维进行考证和分析的过程。

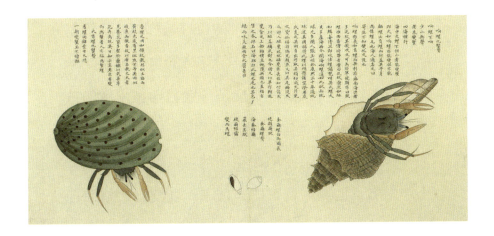

这样热爱科学和科普的作家有很多。他们之中既有像张辰亮这类专业从事科普的人，也有很多科学家或工程师——他们有自己的研究领域，同时也擅长把自己熟悉甚至自己创

造的专业知识转化为科普知识。少年朋友们熟悉的中国科学院院士、数学家张景中先生就是这类科普作家的代表。

张景中先生在计算机科学和数学领域取得了一系列成果。他创立了"几何定理机器可读证明"的原理和算法；他以面积法为核心创立了平面几何新体系。同时，他还非常关注教育，不仅提出了"教育数学"的思想和方法，还花了大量的时间和精力从事数学科普的创作。他为青少年创作的《数学家的眼光》和《数学与哲学》，受到广泛好评。1990 年，他被中国科普作家协会审定为中华人民共和国成立以来贡献突出的科普作家之一。

张景中先生曾说过，他小时候喜欢读科普作品。法布尔的书让他看到一个新奇的世界，伊林的作品让他知道了许多平常的东西包含着不平常的故事和道理。科普读物能启发人思考，激励人探索，使人产生研究和创新的愿望。他常常想，如果有一天能出书，他要写好看的科普书。就这样，他给自己加上了写科普书的责任。

科普创作并不是一件轻松的事，要用平实的语言清楚、准确地描述有趣的科学内容。首先要确保传达的科学内容不出错，要通过阅读各种资料来透彻地理解科学原理，还要做很多核实工作；第二，他们要用大众看得懂的文字来重新撰写科学内容；第三，他们会针对读者的需要和受教育程度来挑选重点，确定哪些内容该详细，哪些可以一笔带过。

比如，如果是给中小学生普及科学知识，提高其科学素养并要引导青少年热爱科学、在将来投身科学事业，那么，科普作品就要强调趣味性、知识性和故事性；如果是给有关部门制定政策提供知识依据，写作时就要突出前沿性和引领性。

科学科普涵盖的范围是巨大的。为了做好科普宣传，每一个科普作者都会选择一定的领域进行深入研究。他们针对某个领域有通识级别的知识，平常会广泛阅读相关专业知识，与科学家和相关工作人员保持联系，跟进科学新进展。有的科普作者会随队参加科学考察，观察实验室的工作，对科学家进行专访，还会参加科学会议、创作采风等活动；在写科普文章时，对于自己不太了解的知识点或问题，他们会寻求专业机构或专家的帮助。为了提升科普质量，他们还会根据自己的专业选择互补的课程进行进修。比如，传媒专业的人会选修科学课程，科学专业的人会主动研习写作和传播技巧。因为我们身处融媒体时代，有不少科普作者除了纸笔创作，还会拍摄科普视频，利用网络平台传播科学。

　　值得一提的是，2022 年 9 月，中共中央办公厅、国务院办公厅出台了《关于新时代进一步加强科学技术普及工作的意见》，要求坚持把科学普及放在与科技创新同等重要的位置，推动科普全面融入经济、政治、文化、社会、生态文明建设。在这样强有力的政策支持下，有越来越多的科技工作者加入了科普战线，雄厚的学术背景让他们在科普写作中游刃有余。

　　最后，我们言归正传。如果你想成长为科普作家这样的"斜杠青年"，就要在培养科学求真的精神，在科学素养与人文素养上下功夫。切记切记，热爱是最根本的成功之道。

后　记

嗨，亲爱的少年朋友，你能跟随着文字的引导，一路下来，路过许多风景，再行至此处——作为本书的编者，我想先道一声"辛苦啦"，再祝贺你收获满满。真心希望你的阅读之旅畅通无阻，心情愉悦。也特别期待这本讲写作的小书能真的帮助你写好文章。

还记得吗？在总序的结尾我总结了两句话：

第一句，别灰心，写作有方法，跟我学写作，我帮你揭开写作奥秘！

第二句，通过这本书，跟我共同开启写作之旅，相信我，你也能享受表达的快乐。

关于第一句的"写作奥秘"，我想再做点补充说明——

实际上，所谓"奥秘"并非真的奥秘。就像叶圣陶先生所说的，"写文章不是什么神秘的事儿，艰难的事儿"。时代在发展，对写作提出了一些新要求，你也有一些新的技能需要掌握。这本《聊聊写作这件事》中所揭示的"写作奥秘"，其实就是和你讲了语文教材中所没有的或没有系统介绍的写作知识。你一旦了解了写作究竟是怎么一回事儿，写作对于你来说也就不再神秘。

揭开"奥秘"尚属于"纸上谈兵"，真正掌握写作技能仍需要多读、多写、多思考。关于写什么和怎么写，你已经懂得很多；关于读什么，我的建议是除了要阅读名家的文学名篇，还要广泛阅读科学、博物学、艺术、哲学、社会学等不同领域的书籍。后者的阅读真是好处多多：不仅有助于激发你的学习兴趣和动机，引导你进入更为广阔的知识世界，为你提供学科写作的范例，还能帮助你搭建合理的知识框架，提升你的认识水平，甚至还能帮你不断认识世界与认识自我……

至于写作之书，我想着重推荐四本（套），有兴趣的少年朋友可以在网上先了解一下书的大致情况，根据自己的兴趣有选择地阅读——

"妙趣横生"这四个字足以概括《猫博士的作文课》以及《大鼻子李教授：新体验作文》这两本（套）书的特点。中国语言学家胡怀琛先生看到小朋友们对千篇一律的作文课缺乏兴趣，于是仿照《伊索寓言》，用童话故事的形式写成了《猫博士的作文课》。李白坚教授编写的《大鼻子李教授：新体验作文》系列丛书则是试图通过对日常生活的剖析，引导少年朋友们在看似简单的吃饭睡觉、上学回家、春风夏雨、父母家庭中，发现它们的复杂性、趣味性、程序性和科学性，发现它们的美，从而提高观察能力和感悟能力，为以后的作文打下坚实的生活基础。这两本（套）写作之书都特别适合你们阅读。

《文章例话——叶圣陶的二十七堂作文课》是叶圣陶先生编写的指导青年人如何欣赏和写作文学的书籍。上文中引用的那句"写文章不是什么神秘的事儿，艰难的事儿"就出自这本书的序。书中共挑选了二十七篇名家作品，每篇文章都采用前面引用名作原文，后面加上叶圣陶先生的点评的体例，细细讲出好文章好在哪里，又有哪些可取之处。这本书更适合初高中的少年朋友阅读。

《王鼎钧作文六书》包括《小学生作文讲话》《作文七巧》《作文十九问》《文学种子》《〈古文观止〉化读》《讲理》六册。作者王鼎钧先生是我国台湾地区的著名作家。他曾介绍自己写这套书的起因，是因为听说有人本来挺喜欢文学，但是惨遭作文课的摧残，他大吃一惊，遂奋笔疾书，花了三个月时间精心打磨，写成了《作文七巧》，后来又陆续撰写了其他五部大作。《王鼎钧作文六书》点燃了文学之旅的烛火，从小学一直照亮到职场。

希望以上推荐的写作之书能对你有更多帮助，祝愿每一位少年朋友都能真正享受写作的快乐！

图书在版编目（CIP）数据

聊聊写作这件事 / 小多传媒编著；周群改写. — 上
海：上海教育出版社，2024.4
（"未来少年"书系）
ISBN 978-7-5720-2570-9

Ⅰ.①聊… Ⅱ.①小… ②周… Ⅲ.①写作－青少年
读物 Ⅳ.①H05-49

中国国家版本馆CIP数据核字(2024)第061151号

策划编辑　刘美文　王　璇
责任编辑　王　璇　李清奇
封面插画　范林森
装帧设计　TiTi studio
内文插图　部分出自《少年时》及网站freepik (http://www.freepik.com)，部分由AK绘制

聊聊写作这件事
LIAO LIAO XIEZUO ZHE JIAN SHI
小多传媒　编著
周　群　改写

出版发行　上海教育出版社有限公司
官　　网　www.seph.com.cn
地　　址　上海市闵行区号景路159弄C座
邮　　编　201101
印　　刷　苏州工业园区美柯乐制版印务有限责任公司
开　　本　700×1000　1/16　印张 11
字　　数　96 千字
版　　次　2024年5月第1版
印　　次　2024年9月第2次印刷
书　　号　ISBN 978-7-5720-2570-9/G·2264
定　　价　45.00 元

如发现质量问题，读者可向本社调换　电话：021-64373213